ブックレット〈書物をひらく〉31

雨森芳洲の朝鮮語教科書

『全一道人』を読む

金子祐樹

平凡社

雨森芳洲の朝鮮語教科書――『全一道人』を読む〔目次〕

はじめに――『全一道人』の著者、雨森芳洲

我州の人　およそ公事に役するもの　たれか韓語に志なからん　しかし其書もなく　また其教もなけれは　たゝに望洋の歎をいたけるのみ　ここに四部の書をゑらひ　はしめに韻略諺文をよみて字訓をしり　次に酬酢雅言をよみて短語をしり　次に全一道人をよみて其心をやしなひ　次に鞮屨衣椀をよみて其用を達せしむ　こゐねかわくは　其教の次第ありて　其材をなすにちかからんとしかゆふ

（『全一道人』序文。傍線は引用者、以下同）

たとへは　全一道人を　はしめかなにてかきたるを熟読し能覚て後　かさねて諺文にてかける□□を以てくわしく韓人にならふへし　さなくはまことの韓語とはなるまし

享保十四年六月　日　芳洲書

（『全一道人』凡例末文。□□は欠字）

『全一道人』という書物を理解するために、まずは著者である雨森芳洲《あめのもりほうしゅう》につい

ての確認から始めよう。

　雨森芳洲は、一六六八年（寛文八／顕宗九）生まれ、一七五五年（宝暦五／英祖三十一）没。職は対馬藩の藩儒である。江戸時代における日本と韓国（当時は朝鮮王朝または李氏朝鮮政権の治めていた朝鮮国）との交流を考えるうえで欠かせない人物で、著述は多い。日韓外交指南書『交隣提醒』や随筆集『たはれ草』は近年に刊行された校注本▲があるので、現在でもアクセスしやすい。また、専門的な資料集としては『雨森芳洲全書』全四巻（泉澄一・中村幸彦・水田紀久編、関西大学出版部、一九七九―八四年）がある。

　本書で扱う『全一道人』も芳洲の著述の一つである。後述するように、当時の対馬藩が韓語通詞つまり韓国語通訳を養成するための教科書として作成された。ただ、芳洲の作った韓国語教材としては、『交隣須知』▲というものもあり、このほうが、近代に入ってからも外務省で使われていたため有名である。しかし、芳洲が抱いていた韓語通詞の役割やありように対する考えは『全一道人』のほうに分かりやすく反映されている。現代で言う、語学教育と異文化教育との関係を謳う文言が、冒頭に挙げた序文で書かれている。それが「全一道人をよみて其心をやしなひ」であった。この文言についての検討は後述するとして、『全一道人』が著された背景に、通詞が単なる語学屋であってはいけない、「其心」が伴わな

近年に刊行された校注本　『交隣提醒』（田代和生校注、平凡社東洋文庫、二〇一四年）。「たはれ草」（水田紀久校注、『新日本古典文学大系 仁斎日札 たはれ草 不尽言 無可有郷』、岩波書店、二〇〇〇年、三七―一三四頁）。

『交隣須知』　小倉進平著・河野六郎補注『増訂補注朝鮮語学史』（刀江書院、一九六四年）によれば、明治十四年に初めて印刷・刊行されたという。音ではなく「天文」「時節」「父母」等の単語に対応した事項別に分類され、例文と韓国語対訳文が上下に対置されている。

図１　「雨森芳洲肖像」（芳洲会所蔵）

ければならないという芳洲の通訳観が存在することは間違いない。その考えは、凡例の「まことの韓語」という表現にも現れていると言えよう。

さて、芳洲の韓語学習歴をはじめとする経歴はどのようなものだったのか、簡単に整理すると以下のとおり。

師の木下順庵に推挙されて一六八九年（元禄二／粛宗十五）に二十二歳で対馬藩に仕官し、一六九三年に対馬に赴任する。一六九六年から長崎で唐語つまり当時の中国語を学び、一六九八年に対馬へ戻って朝鮮方佐役に就任。一七〇二年に三十五歳で釜山に初めて上陸し、翌一七〇三年から一七〇五年まで釜山の草梁倭館に、途中数か月の帰国を挟んで滞在し韓語を学んだ。帰国後は、一七一一年（宝永八・正徳元／粛宗三十七）の家《いえ》宣《のぶ》将軍襲位を祝う第八次朝鮮通信使と一七一九年（享保四／粛宗四十五）の吉宗将軍襲位を祝う第九次朝鮮通信使の護行を全うする等の職務を果たす。ちなみに、後に言及する通信使行の一人、申維翰との交流は享保通信使の護行でのことであった。

韓語通詞養成事業に本格的に取り組みだしたのはこの後のようである。すなわち、五十三歳の年に当たる一七二〇年七月に『韓学生員任用帳』をまとめて通詞養成策を上申。翌年七月には朝鮮方佐役を辞任する。一七二七年（享保十二／英祖三）には『通詞仕立帳』を上申し、また、通詞養成の惣下知として尽力する。厳原《いづはら》に韓語通詞養成機関である韓語司を設立したのもこの頃で、ちょうど六十歳であった。翌一七二八年には『交隣提醒』を著す。

そして二年後の一七二九年。三月より一年半以上を裁判役として釜山の草梁倭館で過ごすのだが、この期間中の六月に『全一道人』のことを公にしたという。その後も相談役を務めつつ執筆活動も続け、一七三三年には『たはれ草』の評語を伊藤東涯に乞うたりもしている。八十歳に当たる一七四七年には漢文随筆集『橘窓茶話』も完成。一七五五年、八十八歳で没す。なお、『たはれ草』と『橘窓茶話』はどちらも死後に刊行されている。

このように、大部分を朝鮮関連業務に勤《いそ》しんできた芳洲の生涯は、大きく二つに分けることができる。つまり、一七一九年以前と一七二〇年以後である。前者は芳洲自身が儒学や唐語・韓語を学び、また現場で働いた、いわば現役期。後者は、時に現場へ駆り出されたにせよ、基本的には、自身の経験や見識を著しつつ後進の韓語通詞を育てる指導期と見ることができよう。

むろん、著述活動を通しての学びはあっただろうけれども、学習者としての知識の獲得と前線で働くことによる役務の経験は概ね一七一九年までで終了し、その後はこれらを、教育と執筆という二つの活動を通してアウトプットしていったということである。一七二四年十月に御用人を仰せつけられたことは、芳洲の知識と経験が評価され、そのアウトプットを業務として行える立場になったものと解釈できる。

このような芳洲であったから、語学力への評価が高かったのは言うまでもない。先に述べた一七一九年の享保通信使一行の一人として訪日した製述官の申維翰（シン＝ユハン／신유한）は著書『海游録』で芳洲の語学力を「能通三国音」つまり、「よく三国音（日本、朝鮮、中国の語音）に通じ」ていると述べる。現代でもトライリンガルやマルチリンガルになるには相応の努力を要するけれども、飛行機もなく今の韓国留学のように留学生が夏休み等にはアルバイトをしに一時帰国するような状況とは異なり、片道の渡海すら手軽でない当時において、芳洲はトライリンガルになった。外国語教育法も整備されていない時代に複数の言語を習得したその努力は並外れたものであったろう。こうした学習歴、そして通信使護行をはじめとする業務経験が、芳洲をして通詞養成事業に尽力させ、『全一道人』やこれを含む韓語教育カリキュラムを完成させる原動力になったと見られる。

本論に入る前に、いくつか注意点をあげておく。

一、本書で Korean peninsula という地域を指す際は、日本語の慣習に従って「朝鮮半島」または「朝鮮」とした。特に通時的なそれを指す場合は「朝鮮」としている。

二、朝鮮半島に興った国家のうち、高麗の次に興った国家については、かつて「李朝」とするのが主流であったけれども、近年の慣習に従って「朝鮮王朝」と、また政権でなく国のニュアンスを強調するためには「朝鮮国」とした。現代については、大韓民国は「韓国」または「現代韓国」とした。同じく同地の言語については、現代のものを韓国語、『全一道人』の時代等近代以前のものを韓語、朝鮮半島で使われつづけている通時的な言語という意味では「朝鮮語」とした。ただし、「朝鮮語」については、芳洲当時の言語を指す場合に使うこともある。

三、年表記については、『全一道人』や雨森芳洲と特に関係のあるものは西暦・和暦・朝鮮王暦の併記で、そうでないものは概ね西暦のみとした。

四、［　］は著者による補記を示す。

では、いよいよ『全一道人』を繙いていこう。

一▼『全一道人』という書物

ゼンイツ？　ゼンイチ？

ところで、この書物を繙《ひもと》くに当たり解決すべきことが一つある。それは、「全一道人」という書名をどう読むか、である。

そもそも、同書は芳洲の完全なるオリジナルというわけではない。明の劇作家、汪廷訥（一五五〇年頃―一六二五年以後）の撰した『勧懲故事』、別名『全一道人勧懲故事』を底本として芳洲が翻訳し、手を加えたものである。汪廷訥は複数の号を持っており、「全一道人」号はその一つであった。芳洲はこれを取って書名にしたものと考えられている。▲

さて、書名の読み方は、二種類が通用しているらしい。ゼンイツドウジンとゼンイチドウジンである。見てのとおり「全一」が争点で、ゼンイツかゼンイチかで対立する。前者は諸橋轍次『大漢和辞典』や『精選版日本国語大辞典』に採られ、後者は安田章『全一道人の研究』（一九六四年）の英文要旨に「zen-ichi」と書かれた。『全一道人』研究において不可避のこの業績に影響された研究は少な

汪廷訥は……　神田喜一郎「朝鮮と雨森芳洲」（『世界人』七号、世界人社、一九四九年）、五二頁。

くなかろうけれども、本書ではゼンイツとする。新日本古典籍データベース（現・国書データベース）や関西大学図書館泊園文庫といった古典籍・東洋学研究機関も採用する読みに従うものである。

ものとしての特徴

雨森芳洲真筆とされる『全一道人』は、滋賀県長浜市高月町雨森にある「東アジア交流ハウス雨森芳洲庵」で保管されている。以前は芳洲書院と呼ばれており、一九八四年に建て替えられた際に現在の名称へと改められた。所蔵者は、雨森芳洲を顕彰する団体、芳洲会である。

同書についての言及は比較的古く、小倉進平氏の複数の研究で述べられているのがおそらく最も早い時期の言及と思われるものの、本格的に書誌情報を明示したのは、小倉氏の言及が含まれる論著を紹介した安田章『全一道人の研究』と見られる。安田氏に拠れば、『全一道人』とは「芳洲書院に、第九号の登録番号によって保存されている、芳洲自筆稿本」で、「我が国における朝鮮語学習書として最古の一に属するもの」だという。ところで、その後、滋賀県教育委員会により一九九一年（平成三）から九三年まで、芳洲会の所蔵する雨森芳洲関係資料が調査され、その成果は『雨森芳洲関係資料調査報告書』（一九九四年）にまとめられた。

木場明志氏の作成した解説によると、『全一道人』は、「芳洲六二歳、交渉の使命をおびて釜山の倭館に赴任した時に記した朝鮮語学習書。内容は四部から成り、字訓、短語に加えて、事情を学び、さらに実用に至るとする。漢字、ハングル、カタカナ音写を用いて朝鮮語を表記している。芳洲自筆本の基準とされる」。

ただ、解説文の「内容は四部から成り、字訓、短語に加えて、事情を学び、さらに実用に至るとする」は芳洲の考えた韓語教育カリキュラム全体であって『全一道人』自体ではない。「漢字、ハングル、カタカナ音写を用いて朝鮮語を表記」も「仮名漢字交じり文とカタカナ音写韓語、それに若干のハングル」とすべきだろう。

図２　『全一道人』表紙　『雨森芳洲関係資料調査報告書』（高月町立観音の里歴史民俗資料館）

図３　雨森芳洲印２種（同前）

底本確定まで

ところで、右であっさりと「同書は完全なるオリジナルというわけではない」と断言したものの、これは現在だからこそ言えるのであって、『全一道人』研究史において底本問題は一つのヤマであった。

『全一道人』について最も早期にされた言及は、右で述べたとおり小倉進平『増訂朝鮮語学史』（一九四〇年）においてであり、今、我々はこれを同書の補注版である『増訂補注朝鮮語学史』（一九六四年）やその復刻版で確認することができる。ただ、そこでは少々言及されたに過ぎず、また、「其心をやしな」うとあることから『全一道人』の典拠を、朝鮮の『三綱行実図』をはじめとする行実図系教化書▲にあるとした。しかし、この説は前出の神田「朝鮮と雨森芳洲」（一九四九年）によって覆される。書題が明の万暦時代の劇作家である汪廷訥の号の一つであるとここで初めて指摘され、合わせて、汪のまとめた『人鏡陽秋▲』や『勧懲故事』と関連するという指摘もなされた。ただし、後者については安田『全一道人の研究』（一九六四年）で新説が唱えられる。同書は、現存する唯一の『全一道人』の専門書である。そのなかで「『全一道人』が『勧懲故事』のみにその典拠を仰ぐ」として、神田説の一部のみを是としたのである。これにより、底本問題は終止符を打たれた。

行実図系教化書　朝鮮王朝第四代国王の世宗が一四〇〇年代前半に刊行した『三綱行実図』を皮切りに、朝鮮時代を通じて長く刊行された儒教道徳教訓書のシリーズ。世宗『三綱』のほか、このダイジェスト版である成宗刪定版『三綱行実図』、中宗版『続三綱行実図』、『二倫行実図』、宣祖増補版『続三綱行実図』、光海君『東国新続三綱行実図』、正祖『五倫行実図』の七種が存在する。三綱（忠・孝・烈）や二倫（序・信）、またこれらを合わせた五倫（忠・孝・烈・序・信）をテーマとした徳行を人物伝の形式で著している。基本構成は、人物伝の内容を描いた絵図と、漢文で書かれた人物伝の本文の二要素であり、世宗版『三綱』以外には本文の韓国語訳文である諺解《げんかい》文が加わる。

つまり、初めての（そして現在なお唯一の）専門書の出現、および底本問題の解決という二つの要素こそ、本書がこの安田書をもって『全一道人』研究史を前後に区切る根拠である。

ただ、小倉進平から安田章に至るまでの研究史とは別に、『全一道人』の由来を研究する際に「勧懲故事諺解」という文言に焦点を当てるアプローチがあることも、踏まえておくべきだろう。これは、芳洲の著した『詞稽古之者仕立記録』▲（一七三六年）で自ら「翌三十六歳之時、朝鮮江罷渡丸年二年令逗留、［中略］勧懲故事諺解三冊仕立」と述べた言説に含まれるもの。芳洲三十六歳の年は一七〇三年（元禄十六／粛宗二十九）であり、この年九月から翌年十一月まで学文稽古として草梁倭館で韓語を学んでいる。この期間に「仕立」つまり完成させた書物として挙げられているのが「勧懲故事諺解三冊」であった。既述のとおり、『勧懲故事』自体は汪廷訥が著した儒教道徳人物伝であり、したがって教訓書的な性質を帯びている書物である。しかし、ここで言うのが『勧懲故事諺解』なる名の書物が存在したということなのか、あるいは『勧懲故事』を個人的に諺解したものなのかは、分からない。とはいえ、実物の『勧懲故事諺解』が韓国で発見されていない現時点において、前者を主張するのは難しい状況であるとは言えよう。

ともあれ、芳洲が『勧懲故事』の諺解版を朝鮮からもたらしたことは揺るがな

『人鏡陽秋』 『勧懲故事』と同じく汪廷訥によって著された人物伝型の儒教道徳教訓書。扱われる儒教道徳は、忠・孝・節・義の四つ。国立公文書館や市立米沢図書館に一六〇〇年（万暦二十八）刊本が蔵書されているもよう（未見）。

『詞稽古之者仕立記録』 泉澄一編『芳洲外交関係資料・書翰集』（雨森芳洲全書三、関西大学出版部、一九八二年）。引用は三〇八頁、四月（日次不明記）。

い。そこで次に問題となるのが、「三冊」の意味である。これについても、『勧懲故事諺解』という書物自体または『勧懲故事』すべての芳洲による諺解本が文字どおり三冊なのか、巻次ごとに一冊の体裁を取ったものが合計「三冊」なのか、といった可能性を挙げられる。物証がないのでこれ以上の推測は控えるが、少なくとも『勧懲故事』のうちの「三つ」が何らかの形で諺解されていたことは確実であろう。

ちなみに、この『勧懲故事』は中国に現存が確認されておらず、和刻本で伝わるのみである。もし韓国で『勧懲故事諺解』が見つかれば『勧懲故事』の朝鮮伝来の可能性も想定しやすくなり、ひいては、東アジアにおける漢籍伝播の研究に貢献できるだろうが、上述のとおり、現時点では伝わらなかった可能性の方が高い。筆者は安田章『全一道人の研究』所収の『勧懲故事』影印で実見した。他に、長澤規矩也編『和刻本類書集成』三（汲古書院、一九八四年）やこれをリプリントして解題の中国語訳を付した一九九〇年出版の上海古籍出版社版、さらに立命館大学の『ARC古典籍ポータルデータベース』で原本画像を見ることができる。

『全一道人』の内容

ではここで、『全一道人』の全体像を理解するために、ときに『勧懲故事』との比較も取り入れつつ、概観することにしよう。

『全一道人』は、表紙と裏表紙のほか、序（一）・凡例（六）・孝部（四〇）・弟部（一四）で構成されている。跋、つまり後書きはない。本文に当たるのは孝部と弟部である。弟は悌に同じ。凡例が終わるとすぐ孝部が始まるものの、弟部には中表紙として「弟」一文字の書かれた一葉があることと、孝部・弟部とも冒頭が「全一道人○部　○条」で始まり、次行に第一の記事のタイトルが書かれているという共通様式であることから、芳洲の製作構想としては孝部にも弟部と同様に中表紙を置きたかったのかもしれない。

孝と弟（悌）の二つが儒教徳目のそれであることは言うまでもない。各部には、冠せられた儒教道徳をテーマとする話譚が収録されており、孝部は全二十六話、弟部は全八話を有する。各部の構成で共通する特徴として、奇数番に好例、偶数番に悪例が、交互に配置されている点を挙げることができる。例えば孝部では、孝行譚・不孝譚・孝行譚・不孝譚……のように、である。そこで全話を、底本の『勧懲故事』に従って簡単に整理・要約すると次の表1のとおり。なお、好例は白地、悪例はアミカケして表した。

厳密に言えば、弟部の第三話「兄弟争死」は、張兄弟と姜兄弟の二つの話譚を一つにまとめているため、これを二話とすると話数が一つ増えて全三十五話とな

表1

部	順	記事題名	時代	主人公	徳行・悪行の対象	徳行または概要
孝部	孝01	大孝感親	周	閔損	継母	継母による虐待を二人の異母兄弟のために耐える。母改心。
	孝02	慈化不孝	魏	芒茆妻	継子	前妻の子五人、継母に不孝。一人が罪し死刑になるのを救おうと継母が尽力。継子五人改心す。
	孝03	乳姑不怠	唐	崔山南祖母唐夫人	姑	物を嚙めない姑に乳をやり飢えをしのがせ長寿を全うさせる。いまわの際に卑属の嫁らに自身を範とするよう言って死ぬ。唐の天子、旌門す。
	孝04	糞餅飼姑	宋	李生妻	姑	夫の留守中、餅に子の大便を混ぜて姑に食わせる。露見して関帝廟に逃げるも犬に化せられ見つかる。見物客多く、十日後死亡。
	孝05	至孝継母	晋	王延	継母	自身に不道な継母卞氏に奉養。冬に生ものを求め汾水で大泣きすると大魚が飛び出る。母改心。後に尚書左丞となる。
	孝06	大逆親母	漢	朱緒	母	病母が要望し妻が作った羹を横取りし食べ尽くす。母の訴えが天に届き、程無くして数升吐血して死亡。
	孝07	思母寄魚	宋	杜孝	母	成都にて勤め孝行できないのを悔やむも魚を得たので鬼神に祈り包装して川へ流す。実家の妻が事を理解し受け取り、その母に奉ず。
	孝08	蔵魚却母	宋	張民	母	訪ねてきた母を追い帰し、妻が留めるも、釣った魚を別所に保管し母を追い帰す。取りに戻ると魚は蛇となり、喉を食われ死亡。
	孝09	赴水救母	宋	蘇頌	母	任地で働くも母を呼び寄せ船で来させる。船の転覆を見て慌てて赴水するも救われる。天に訴えると船が自然に持ち直して母は無事。
	孝10	母溺救嗔	宋	褚太	母	溺れた母を救わず、救った者を打擲。船を出し人を乗せ、川中へ至るとその人自ら神と名乗り打擲せんという。船賃を強い、落雷し死亡。
	孝11	女復父仇	宋	趙娥	父	父殺され兄弟三人は既に死亡、働きながら仇を探し、十年にして見つけ殺害。国法に従い処刑を願い投獄されるも恩赦で免れる。仁宗、表門。
	孝12	女不認父	宋	欧陽環妻王氏	父	久方ぶりに訪ねてきた父を身なりの貧相さ故に門前払い、一宿も許さず。不孝を誹り社に訴う。翌朝、雷雨激しく落雷し死亡。

孝部					
孝13	剖心救母	宋	朱良吉	母	母危篤、儀式し胸肉を割き粥に混ぜ食わせる。母癒ゆるも瀕死、里人が道観で祈ると医が訪問、施術して治す。母子、長寿全うす。
孝14	忍心害母	金	梁小二／妻王氏	母／姑	妻、飢饉にて姑にまず食わすも夫は母の口に砂泥詰め置き去り。妻戻り里正に訴え夫捕まる。夫は鬼神の火焔で頭目焼け数年苦しみ死亡。
孝15	孝親子貴	宋	張機	父母	常に父母に奉養し父母を慮り非礼をせず。子、科挙に臨む道中で古寺に泊り、夢で父の孝ゆえ顕達すと知る。及第ののち栄達す。
孝16	逆親神殛	宋	楊大同	父母	不孝・素行不良、無頼の友人と遊んでいたところ、殺さる。
孝17	為夫娶妾		元潤甫夫人杜氏	夫	夫に妾を勧めて子を成させる。子は孝子となった元貞禎。
孝18	妬妾懐孕	宋	李正臣妻許氏	妾	妾の妊娠に立腹、殺害。妾の怨讐で死亡。
孝19	聞鴿思母	元	徐駿	母	鳩を飼うのをやめ母の言葉を聞いて学問に専心、出世。多くの鳩が金をもたらす。
孝20	惜鳥害母	宋	（無名男）	母	自身の留守中の愛鳥の餓死で妻を庇う母を責める。黒雲に抱えられ山に逆さ吊りされ、七日目に死亡。
孝21	売身買棺	明	丘端	母	母への奉養、また身を売り棺や葬礼用具を用立てる。母死後も雷鳴あるときは慰安。
孝22	売易親棺	宋	王十三	父母	自身の遊興費に父母の準備した棺を粗悪なものに売り変えて、落雷して死に、逆さに立て置かれ、豚や犬に食い尽くされる。
孝23	食必思母	明	周誠	母	四歳で父を殺す。母に奉養。
孝24	蔵飯拒母	宋	徐氏弟	母	徐氏兄弟で奉養。兄貧しく弟家へ母を行かせるも弟家拒否。弟夫妻は雷に打ち殺される。
孝25	尋母獲遇	明	楊成章	母	父楊氏妾たる母の残した銀銭半分を携え探し、残半分を持つ弟に案内されて母に再会。孝行が表され国家博士となる。
孝26	棄母遭虎	唐	張某	母	凶年に家族を連れ流浪、母を捨て置こうとする。虎に連れ去られ、山で食われ骨ばかりとなる。

弟部					
弟01	友愛貴寿	漢	薛包［兄］	無名［（異母？）弟］	財の良い方を弟に譲る。
弟02	弟虐滅亡	晋	雍滌［兄］・滌妻梁氏［姉］	雍源［弟］ 源妻梁氏［妹］	兄夫婦、弟夫婦を虐げ上帝に罰せらる。
弟03	兄弟争死	漢	張礼［兄］・張孝［弟］	相互	盗賊に殺されそうになるのを互いに庇い合う。
		宋	姜肱［兄］・姜江［弟］	相互	盗賊に殺されそうになるのを互いに庇い合う。
弟04	兄弟争産	宋	邦華［弟］・邦栄［兄］・邦廉夫［兄の子］	邦華→邦栄 邦廉夫→邦華	矢印の方向で毒殺を行う、邦廉夫は捕らわれて獄死。
弟05	傭工化兄	漢	鄭均［弟］	無名［兄］	自身の行いで兄を改心させる。
弟06	恃富軽弟	宋	韓周［兄］	韓用［弟］	不徳の兄、弟を蔑む。兄家滅亡、弟は状元。
弟07	愛異母弟	晋	盧操［兄］	張氏［継母］ 無名三人［異母弟］	継母への奉養と異母弟への情を欠かさず。後、明経及第。子二人も文明を有す。
弟08	欺継父弟	晋	常瑤［兄］	康徳休［継父］ 康徳休子［異父弟］	常瑤、継父に孝心無く死後は康家の財を独占、異父弟を軽んずる。突然怪死し子牛に転生し又自決。瑤の財は異父弟に戻る。

る。しかし、本書では『全一道人』に従って一話とし、全三十四話と数えた。

この表1に見られるとおり、道徳譚・不徳譚は、決して難しいものではなく、日常に起こりうる人間関係上のトラブルを主たる内容とし、主人公の徳行または悪行の実践と、その結果としての何らかの賞罰的現象の発生を描く。「賞罰的現象」と表現したのは、ストーリーの最後に現れるのが文字どおりの賞罰ばかりでなく、因果応報としての良い結末や悪い結末であったり、しかもそれが奇跡や怪奇現象といった超自然的現象をも含んだりするからである。同様の道徳譚や不徳譚は、東アジアで広く親しまれるものであった。

このように、韓語通詞養成用教科書、より平たく言えば朝鮮語の教科書として作られたとはいっても、その内容は語学のそれというよりも読み物である。教訓書が底本である以上、そのストーリーは勧善懲悪に限定されるけれども、『交隣須知』と異なり、基本は文学作品なのである。朝鮮語の教科書として使えるよう、もともと教訓文学である『勧懲故事』の表記言語を、もとの漢文から、仮名漢字交じり文の和訳文とカタカナ書きの諺解つまり朝鮮語訳文との二言語並記へと変え、要所にハングルも付記するという芳洲の改作により、『全一道人』が生まれたのだ。

しかし、芳洲が手を加えたのは、表記言語だけではない。記事ごとの体裁で言えば、表記言語を変えた他、『勧懲故事』では本文に続いて記されていた四言詩（内容は本文の要約）を、『全一道人』では完全に削除した。また、『全一道人』は孝弟の二部構成であるけれども、『勧懲故事』は八部構成である。具体的には、孝・弟・忠・信・礼・義・廉・恥の各部で構成され、全百五十八話。好例が奇数番、悪例が偶数番で交互に掲載されるという部ごとの構成は同一であるため、好悪例は各七十九話ということになる。孝弟両部のそれぞれの話譚にも基本的には

表2

全体の構成	勧懲故事	孝・弟・忠・信・礼・義・廉・恥の全八部
	全一道人	孝・弟の全二部（①）
各部の構成	勧懲故事	どの部も共通して、奇数番が好例、偶数番が悪例
	全一道人	どの部も共通して、奇数番が好例、偶数番が悪例
各部の話数	勧懲故事	孝 26・弟 8・忠 24・信 16・礼 14・義 26・廉 22・恥 22 全 158 話＝好悪例各 79 話
	全一道人	孝 26・弟 8、全 34 話＝好悪例各 17 話（①）
各話の体裁	勧懲故事	漢文。4 字の題目と割注での出典表示、散文形式の本文、本文を要約した四言詩
	全一道人	カタカナ諺解文（朝鮮語訳文）と仮名漢字交じり文（和訳文）。漢字 4 字の訓読題目（②）

異同がない。これらを整理すると、表2のとおりであり、①と②が芳洲によって改変された部分、残りは『勧懲故事』を踏襲した部分である。

うち、①は安田章氏をはじめ、『全一道人』の研究であれば一度は言及するほどに周知されている。その一方、②について言及したものは、管見の限り存在しない。これはおそらく、『全一道人』にのみ注目するあまり両書の文学的関係にまで視野が及ばず、見過ごされてしまったためと見られる。この詩については崔恒「明代「故事」命名類書研究」（二〇一三年）に「全ての話の後ろには四字の詩歌を付け、読んだ話を要約して描写するとともに、その話のテーマを表している。これはあたかも話本小説の結末に詩歌を用いてその話を要約描写しつつテーマを表すのと似た形式」と指摘されている。『勧懲故事』の文学性の一部を担保するとも見られるこの四言詩部分の削除という操作こそ、雨森芳洲によって付与された『全一道人』の文学的性質と言えはしないだろうか。

むろん全八部からなる『勧懲故事』を全二部、話数をおよそ四分の一弱にボリュームダウンしたことも操作である。そしてこの操作により取り上げられる儒教徳目が孝と弟のみに限定されたことも十分に操作として認められよう。

芳洲の韓語通詞養成カリキュラム

であれば、芳洲が『勧懲故事』をもとに『全一道人』を著す際、やはり何らかの意図をもって改作をしたと考えるのは、的外れと言えないであろう。そこで、どのような意図を芳洲が持っていたのかを考えたい。本書冒頭に引いた同書序文の「全一道人をよみて其心をやしなひ」に着目する。とはいえ、「全一道人をよみて」が「『全一道人』を読んで」であることは自明なので、まずは「其心をやしなひ」という文言を含む、同書序文を現代文に訳して確認しよう。

> 対馬の人でおよそ公務に携わる者なら、韓語学習を考えない者がいようか。しかし教科書も教育方法もなければ、非力を嘆くばかりである。そこで四部の本を選んだ。まず『韻略諺文』を読んで韓国語の字訓を知り、次に『酬酢雅言』を読んで韓国語の短文を知り、その次に『全一道人』を読んで其心をやしない、最後に『鞮屨衣椀』を読んで公務を果たさせる。このような教育カリキュラムを作ることで人材を育て上げやすくなるのを願う。　芳洲

ここに明示された芳洲の韓語通詞養成カリキュラム構想を、四部の教科書▲に対

四部の教科書　ただし、現存するのは『全一道人』のみ。よって、現存が確認できない三書の内容はタイトルより類推するほか無い。

応させると、次のとおり解釈できる。

『韻略諺文』は諺文（ハングル）で韓国語の字と音を習う内容、『酬酢雅言』は「雅言ヲ酬酢ス」であるのできれいな表現を用いた韓国語によるやりとりの練習。『全一道人』は「其心をやしな」うもの。最後の『韃履衣椀』は、「韃履」が『礼記』曲礼下に「韃履、素簚」とあるように、「くつかざりのないくつ」であり、衣や椀を合わせて考えると、服装や食事作法、歩き方など所作全般にわたる礼儀についての内容ではなかろうか。そこで、以下のカリキュラムが想像される。

『韻略諺文』…諺文で韓国語の字音を習う
『酬酢雅言』…きれいな表現を用いて韓国語での応酬を練習する
『全一道人』…「其心をやしな」う
『韃履衣椀』…服装や食事作法、歩き方など所作全般にわたる礼儀を学ぶ

『全一道人』が「其心をやしな」うために作られたものだということが分かるが、そうであれば、韓語通詞を養成するための教科書として明の教訓書を用いるという点には少々不合理を感じざるをえない。しかし、これについては、芳洲自身、「朝鮮は専ら中華を学び候風義に候故、書物の上にて得と唐の風義を合点い

たし候らえば、十に八、九迄は朝鮮の風義も推して知れ申す事に候」(『交隣提醒』)と述べている。朝鮮国や韓文化について儒学を通してのみ理解し、また、させようとするという芳洲に存在した限界がこの選択を裏打ちしている。この限界があったゆえに、既に諺解文も備えている『三綱行実図』など朝鮮の行実図系教化書を選ばず、和刻本が流通していて日本国内で入手しやすかった明の『勧懲故事』で済ませることにしたのだろう。

『全一道人』の教育観

とはいえ、芳洲は『朝鮮事情等雑録』や『朝鮮風俗考』を執筆するほど朝鮮国とその文化をよく知る人物でもある。芳洲なりに見出された韓語通詞養成用教科書として何らかの適性があったからこそ『勧懲故事』が底本にされたのではないかとも考えられる。そこで、『全一道人』に課せられた「其心をやしな」うことについて、考察したい。

「やしなひ」の基本形である「やしなふ」については、現代語と変わらない意味の「はぐくみ育てる」、より正確に言えば、心を「やしなふ」ので「修養」と解釈してよい。明のものとはいえ教訓書を用いていることからもそれは窺える。

では、修養される「其心」とはいったい何か。同じく当時の教訓書である常盤貞尚▲の『百姓分量記』「性気の解」でも「其霊明を性といふ。性動く時は心となる」と言及されている。修養されるべきものを冒頭に挙げた他例として興味深い。

こうした、当時の教訓書で教化されるべき「其心」「心」について、現代語と同様に「肉体に対する意味での精神」と解釈すれば、「其心をやしな」うとは文字どおり精神修養を指すことになろう。また、芳洲自身が朱子学系の儒者である点を考えれば、朱子学的に解釈することも可能である。『大学章句』では「欲修其身者、先正其心。欲正其心者、先誠其意」という文言に対し、「心者、身之所主也。誠、実也」と注釈される。芳洲の別著『交隣提醒』に「誠信と申し候は実意と申す事」とあり、『大学章句』の「誠、実也」に対応することを踏まえると、芳洲の「其心」は「心者、身之所主也」の「心」と理解してよかろう。この文言を『北渓字義▲』によって解釈すれば、すなわち「其心」とは「一身の主宰者」である。さらに、『大学章句』で「知至者、吾心之所知無不尽也。知既尽、則意可得而実矣。意既実、則心可得而正矣」とする注釈を頼りにすれば、芳洲は『全一道人』を用いて儒教道徳を熟知させることで、身を正された、誠信外交にふさわしい韓語通詞を養成しようとしていたとする推測が成り立つ。

むろん、同書が韓語通詞養成用教科書として使用に足るよう加工されたものである以上、韓語運用能力の涵養が目的に含まれないわけはない。序文末尾で芳洲

常盤貞尚　字は潭北。一六七七年（延宝五／粛宗三）出生、一七四四年（寛保四・延享元／英祖二十）死去。俳人・心学者。『百姓分量記』の他にも『野総茗話』や『民家童蒙解』など農民向けの教訓書を執筆した。

『北渓字義』　朱子の高弟に当たる陳淳に著された、いわば朱子学字典。本書では佐藤仁訳（『朱子学の基本用語——北渓字義訳解』、一九九六年）を使用した。

自身が、学習方法として凡例に「また、どう書いても同じようなものだということがある。（こうしたことは）詳しく韓人に学び、広く尋ねてようやく理解できることである。例えば『全一道人』について、まず日本語文を熟読してしっかり覚えた後、さらにハングルで書かれている□□で詳しく韓人に習うべきで、そうでないと真の韓語（を使えるよう）にはならない」▲と提示したことからも、理解できる。しかし、芳洲が養成を志した韓語通詞とは、このような韓語運用能力のみに長《た》けた人材ではない。それどころか、通詞に必要な能力が言語のみであると誤解している当時の風潮に対して痛烈に批判し、学問と才智に優れた人材を通詞に取り立てるよう、次のように進言もしている。

朝鮮国で務めている御役人として、倭館館守、外交交渉を担う裁判、貿易任務担当の一代官がいるのは勿論である。その他、隣国との交際という点からすると、通詞ほど重要な役人はいないであろう。人によっては言葉さえよく通じれば済むと考えているけれども、全くそうではない。人柄が良く才覚があり、義理を弁え、主君やその命による仕事を大切にする者でなければ、本当の意味でこの務めを果たせる通詞とは言えず［略］▲

（『交隣提醒』）

また、どう……　原文「またいかやうにかきてもおなしことなりといへることあり　くわしく韓人にまなひひろく　たつねてはしめてしるへしたとへは　全一道人を　はしめかなにてかきたるを熟読して能覚て後かさねて諺文にてかける□□を以てくわしく韓人にならふへし　さなくはまことの韓語とはなるまし」。

朝鮮国で……　原文「朝鮮に相務め候御役人、館守・裁判・一代官は勿論の事に候。その外には隣交の義に付き、通詞より切要なる役人はこれなく候。人により候ては言語さえよく通じ候らえば相済み候と存じ候らえども、聊か以てさようにてはこれなく候。人柄もよろしく、才覚これあり、義理を弁え、上の事を大切に存じ候者にてこれなく候ては、誠の御用に立ち候通詞とは申しがたく、［略］」。

とかく日本の道理と朝鮮国の道理は相当異なるので、学問・才智に優れた人材を擁さなければ、如何に意を尽くそうとも隣国との外交がうまくいく筋道も立ちようがなかろう。（よって）学力のある者の登用は、極めて重要なことである。▲（『交隣提醒』）

とかく日本の……　原文「とかく御国の義他方とは甚だ違い候事にて、学問・才力の勝れ候人を御持ちなされず候ては、いか程上に心を御尽しなされ候ても御隣好の筋立ちがたくこれあるべしと存じ候。学力これある人を御取り立てなされ候義、切要の御事に御座候」。

つまり、芳洲が養成しようとしていた通詞とは、ただ韓語のみに長けた者ではなく、語学はもとより学問や才智、さらに君主や任務への誠意、朝鮮国の道理への理解力を有する人材であった。むしろ、語学の教科書の底本であるにもかかわらず、本来は儒教道徳教訓書であるはずの『勧懲故事』を底本に選んでそのカリキュラムの第三段階に据えることで、語学能力しか持たない通詞にならないようにし、人格面でも学問面でも誠信外交の場で職務を果たすに値する者として養成する目的があったと解釈できる。

したがって、芳洲の養おうとした「其心」には、語学にとどまらず儒教道徳や朝鮮国の道理などへの深い理解力が含まれていたと考えられる。このような通詞を育てることが『全一道人』の教育観であったと考えられよう。

芳洲の眼前の二つの孝

芳洲が『勧懲故事』を翻訳して『全一道人』を著したのは、韓語通詞養成用教科書として用いようとした以上、韓語通詞の稽古生らに読ませて「其心をやしな」うために他ならない。言い換えれば、右に挙げた複数の操作は、稽古生らに読ませるための工夫ということになる。そこで、なぜこのような工夫が行われたのかについて、まずは儒教道徳のなかでも最も重要とされる孝に焦点を当てて検証することで、「其心をやしな」うことについて引き続き考えたい。

既に表1で示したように、『全一道人』は親子関係の徳行・悪行記事を集めた孝部と兄弟関係の徳行・悪行の事例を示す弟部の二部で構成され、そのうちの大部分を孝部が占めている。儒者であった芳洲にとって『全一道人』の内容は馴染みのあるものであっても、韓語通詞となるための訓練を受けていた稽古生には必ずしもそうではなかった可能性が少なくない。稽古生たちは基本的に町人身分出身であり、必ずしも全員が儒教を学んでいたとは限らないからである。そして、そこで示された孝の内容も日本人の考える孝と距離がある。日本人の理解する孝がどのようなものであったかは、『本朝二十不孝』で井原西鶴▲のした指摘が分かりやすいので、以下にこれを挙げる。

Ⓐ雪中の笋、八百屋にあり、鯉魚は魚屋の生船にあり。世に天性の外、祈らず

井原西鶴　生没年は一六四二年（寛永十九／仁祖二十）―一六九三年（元禄六／粛宗十九）。江戸前期の俳人にして浮世草子作家。芳洲より二十六歳年上で、芳洲が対馬へ赴任した年に死去した。よって、芳洲が対馬へ行く前から西鶴の作品を目にすることは十分できたのではないかと推測される。

とも、夫夫《それぞれ》の家業をなし、禄を以て万物を調え、教を尽せる人、常也。Ⓑ此常の人稀にして、悪人多し。生としいける輩、孝なる道をしらずんば、天の咎を遁るべからず。其例は、諸国見聞するに、不孝の輩、眼前に、其罪を顕はす。

内容により、大きく二つに分けることができる。前半部に当たるⒶは孝行の実践方法、後半部のⒷは不孝者の多さとその末路、である。うち、韓国や中国との違いが如実に表れているのはⒶであろう。そこで、これを解釈するところから韓国・中国と日本との孝観念の違いを確認したい。

ここでいう「雪中の筍」と「鯉魚」が、孝行説話集『二十四孝』に収められた孟宗と王祥という二人の孝子、およびこの二人の孝行譚を指すことは、言を俟《ま》たない。発祥の地である中国はもちろん、ベトナムを含む東アジアで広く読まれていた。▲ただ、読まれていた事実は同様であっても、受容のあり方は異なっていたようである。

二つの孝行譚を簡単に紹介すると次のとおり。まず「雪中の筍」とは、孟宗竹の名の由来でもある孟宗が、冬間近のころに生えるはずのない筍を重病の老母が食べたいと望んだので竹林に入って悲嘆に暮れていると、筍が数本生えてきたの

ベトナムを含む……　日本や韓国はいうまでもなく、ベトナムでも『二十四孝』は受容され、読まれていた。佐藤トゥイウェン『ベトナムにおける「二十四孝」の研究』（二〇一七年）に詳しい。日本や韓国については徳田進『孝子説話集の研究――二十四孝を中心に』全三巻（中世篇・近世篇・近代篇、一九六三年）を参照。

で持ち帰って供したという内容。次の「鯉魚」とは、幼くして実母を亡くした王祥という男の話で、日頃から辛く当たる継母が罹病して魚を食べたくなったため、服を脱いで凍りついた水面を割ろうとすると忽ち溶けて鯉が躍り出たので持ち帰って供したというものである。

両孝行譚はどちらも「寒い時期に得るのが本来至難または不可能な食べ物を冬に求められるという状況に主人公が陥るも、それが超自然的現象によって解決する」というストーリーを持つという点で共通する。この超自然的現象の発生を、主人公の孝心によって天が感動して発生させたものと解釈し、孝感と称する。朝鮮では、どちらも世宗代に刊行された初版の『三綱行実図』に掲載され、孝行の実践事例として朝鮮国内で長らく扱われた。ところが日本では、右で「雪中の笋、八百屋にあり、鯉魚は魚屋の生船にあり」というように、読まれはしても所詮は物語であり、現実的な内容としては理解されていない。それどころか、主人公二人の行動は徳行として模範視されているのではなく、行う必要のない奇行と見なされている。雪中にタケノコを求めるなら八百屋に行け、鯉なら魚屋の生け簀にあるぞと西鶴が述べる所以《ゆえん》である。

では、日本において孝はどのように認識されていたのか。天を感動させて奇跡を起こすようなものではなく、現実社会の中で家業に励み、十分に俸禄を得て親を奉養することこそが常道だと西鶴は言う。

　このような現実的な理解はひとり西鶴のみではない。少し時代は下るものの、幕府もまた同様であった。江戸幕府が一八〇一年（寛政十三・享和元／純祖元）に刊行した『官刻孝義録』もそうである。同書は、寛政の改革の一環として、儒官の柴野栗山に勧められた松平定信が、林大学頭をはじめ学問所の関係者に命じて作らせた官撰教化書である。飛騨を除く日本全国から、そして一六〇二年（慶長七／宣祖三十五）から一七八九年（天明九・寛政元／正祖十三）頃までの、韓国でいう概ね朝鮮時代後期全般にわたる、さまざまな徳行▲の実践事例が収録されている。『官刻孝義録』で読むことのできる孝行にも孝感を記録したものはない。「葬儀を行う」「家の生計を維持する」「親を扶養する」といった、現実的なものばかりである。つまり、あくまでも勤労によって孝を成すというのが日本における孝であった▲。

　なお、この違いは、弟（悌）の徳行についても同様である。『全一道人』では弟徳の悪行者が新築の家舎を上帝の命で起きた大風雨で壊されたり、突然死して異形の牛として転生したのち一年で再び死んだりするといった、孝感のマイナス現象とも言える天罰の発生する事例が載せられる。これに対応する徳目は、『官刻孝義録』では「兄弟睦」という品目が相当するけれども、やはり現実的な徳行

さまざまな徳行　全十一種。孝行者・忠義者・忠孝者・貞節者・兄弟睦者・家内睦者・一族睦者・風俗宜者・潔白者・奇特者・農業出精。さらに附録として親之敵討がある。

あくまでも……　このほか、断指や割股といった行為も、日本では受容されなかった。これらは、親の気に因ってできあがった自身の肉体を供することで罹病した親の気を補うという考え方に基づく孝行である。これらが受け入れられなかった背景には、気に関する理解の違いが考えられよう。

で占められている。

以上のように、「孝」といい「弟」といい、儒教の徳目の名を冠する道徳ではあってもその実践行為の次元において日本と『全一道人』およびその底本たる『勧懲故事』とでは大きな差が存在したのであった。そしてこの差を理解し受容できる知性の涵養こそが芳洲の言う「其心をやしな」うことではなかったかと考えられる。

韓語通詞養成用教科書としての適性

ここで節を改め、本章の最後として、『全一道人』（及びその底本の『勧懲故事』）と朝鮮の行実図系教化書とを比較し、前者に見出される韓語通詞養成用教材としての適性を検証する。そこでまず、韓語通詞養成用教科書としての使用を考えていたにもかかわらず、芳洲が後者を選ばなかった理由を考察するために、芳洲の朝鮮国滞在歴を再確認したい。

芳洲が朝鮮国滞在中に行実図系教化書を目にする機会があったのかどうか、残念ながらそれを明らかにする資料は現時点で確認されていない。翻って芳洲の朝鮮国滞在歴を見ると、一七〇三年（元禄十六／粛宗二十九）―〇五年（宝永二／粛宗三十一）、一七〇九年、一七二九年（享保十四／英祖五）と複数回に及ぶことから、朝鮮の書物に触れる機会は多かったものと思われる。例えば、李睟光▲の『芝峰類説』は実際に読んでいる。また、諺文で書かれた『淑香伝』『李白瓊伝』を書き写してハングルを覚えたという指摘もされている（上垣外憲一『雨森芳洲――元禄享保の国際人』、一九八九年）。そして、最初の二年間の滞在は韓語学習のためのものだったので、諺解文の記載された行実図を目にする機会は充分あっただろう。行実図は、既に述べたとおり朝鮮王朝が編纂・刊行した民衆教化書で、中国だけでなく韓国の徳行実践者の記事も収録しているうえ、朝鮮八道に広く普及していた。しかも漢文と諺解文を備えることから、芳洲自身の韓語学習にも役立つという条件を満たしている。にもかかわらず、芳洲は『勧懲故事』から孝部と弟部だけを抜き出し、これらを底本に自ら諺解文と和訳文を作って「其心をやしな」う韓語通詞養成用教材として構想したわけである。

前述のとおり、「其心をやしな」うということが、朝鮮国とその使節をはじめとする人々を理解する心を養うということだとすれば、中国で書かれた『全一道人』はそもそも矛盾を抱えながら作られた教材だと言うほかない。この矛盾を昇華する一つの解釈として、芳洲の抱く朝鮮国認識の限界を指摘することは可能である。上述のとおり、芳洲は倭館滞在や韓語学習を通して韓語や韓人に対する理解を相当程度深めていたものの、中国の風習を書物で理解していれば朝鮮の風習

李睟光　李朝中期の文臣。生没年は一五六三年（永禄六／明宗十八）―一六二八年（寛永五／仁祖六）。全州李氏、号は芝峰。その著に『芝峰集』『芝峰類説』がある。文禄慶長の役を実際に経験した世代であり、『芝峰類説』には同戦争に関する記録も見られる。芳洲の随筆集『たはれ草』には、『芝峰類説』から得た知識をもって言及した部分がある。

徳目を限定する……　芳洲の生存時において、行実図は三綱または二倫のいずれかのみをテーマとする官撰教化書だったのであり、したがって、多くの徳目を網羅する『勧懲故事』とは逆に徳目を限定する傾向を有していたと言える。

も十中八九は推察できるものという認識も有していたからである。この認識により、韓語通詞を育てるために明の書物でも構わないと考える可能性は存在しよう。とはいえ、芳洲の韓国理解の深さを考慮すると、この可能性にのみ答えを求めるのも早計ではないかと思われるのである。

そこで注目すべきは、『全一道人』・『勧懲故事』と、行実図系教化書との、書物総体としての内容の違いである。

まず、徳目数について。芳洲は確かに『勧懲故事』を底本にしたものの、そのすべてではなく、孝部と弟部の二部にとどめた。徳目を限定するという『全一道人』のこの特徴は、底本よりも行実図に近い。孝弟の二つに限定した理由については、儒教道徳における孝の位置づけは言うまでもなく、そのうえで、「孝弟也者、其為仁之本与」という『論語』の文言と関係があるのではないかと提起したい。当時の朝鮮王朝治世の社会において読まれた人物伝型民衆教化書の代表は、忠孝烈の三綱、または弟信の二倫をテーマとする行実図だったのであり、『全一道人』がこの形式に適合し、かつ三綱と二倫からそれぞれ一つずつ徳目を取った構成になっているという点は示唆的であろう。

次に、各徳目の構成が孝と不孝というように徳行と悪行とを交互に示すものとなっている点について。結論から言えば、これは日本人である稽古生の読みやす

「孝弟也者、其為仁之本与」　『論語』「学而第一」。なお、解釈については主に朱子以前の「孝弟なるものは、それ仁の本たるか」、つまり孝弟を仁の根本とするか、あるいは朱子による「孝弟なるものは、それ仁を為すの本か」として孝弟を仁を実践する根本とするかの二つがある。朝鮮王朝による儒教の国教化が朱子学によるものだったことを踏まえると『全一道人』の孝は後者ではないかと推量される。

弟信の……　『五倫行実図』の「兄弟図」には兄弟よりもさらに血族上の範囲を広げた宗族間の長幼を題材としたものもある。これらは「長幼有序」であり、兄弟にも適用は可能であるけれども、宗族を扱った記事は多くないため、ここでは兄弟図の徳目である弟徳とした。

い内容を考慮した結果と考える。『全一道人』以前に日本国内で刊行された教訓書としては、浅井了意によって一六三〇年（寛永七／仁祖八）に和刻本『三綱行実図』が、一六六一年（万治四・寛文元／顕宗二）に和訳本『三綱』がまず挙げられる。そして、やはり了意によって一六六五年には日本の徳行事例を集めた『大倭二十四孝』が、次いで藤井懶斎の『本朝孝子伝』と、右で挙げた西鶴の『本朝二十不孝』が一六八六年（貞享三／粛宗十二）に世に出された。したがって、『全一道人』以前において既に有徳不徳の対照を等しく受け入れ楽しむ文学的土壌ができあがっていた。この「楽しむ」という点が重要である。『勧懲故事』の作者、汪廷訥は戯曲も書き、彼もまた読者とともに悪行話に興味があったのではないかとの指摘もある（湯城吉信「類書蒙求類について」、一九九六年）。一方、日本でも西鶴はもちろん、後代の『官刻孝義録』すら記事本文は大田南畝が書いた。徳行一辺倒の行実図よりも、有徳不徳を織り交ぜた『勧懲故事』を底本とするほうが通詞稽古生たちにとって受け入れやすいと判断したのではないかと考えられるのである。

浅井了意　生年未詳、一六九一年（元禄四／粛宗十七）没。僧侶にして仮名草子作家。本文で挙げたように『三綱行実図』の和刻と和訳をした他、中国の怪異小説『剪燈新話』などの翻案もしている。

藤井懶斎　生没年は一六二八年（寛永五／仁祖六）—一七〇九年（宝永六／粛宗三十五）。江戸前期の儒者で山崎闇斎の弟子。

有徳不徳の……　一方、朝鮮時代において徳行でない事例は野談や野史といった書物に見られる。行実図は官撰教化書であるから、「官撰」と「野」の朝鮮社会における位相の違いは自ずと明らかであろう。

大田南畝　生没年は一七四九年（寛延二／英祖二十五）—一八二三年（文政六／純祖二十三）。文人・狂歌師として有名なばかりでなく、祐筆としての職も持っていた。

二▶『全一道人』の翻訳文

翻訳研究とは

前章で『全一道人』の書誌的特徴や、その内容について紹介してきたことに続いて、この章では、『全一道人』の表記言語、つまり、和訳文と諺解文に着目しつつ、さらに、実際には省略されているもののソース言語として存在する漢文本文なども視野に入れて、その翻訳文の性質を確認する。

その前に、本章で用いられる翻訳研究というアプローチについて、簡単に解説しておきたい。

翻訳研究とは、翻訳営為を研究対象とするアプローチである。しかし、「翻訳営為を研究する」とはどういうことか。そもそも翻訳研究または翻訳学、翻訳論とも呼ばれているディシプリンがどのようなものなのか。これらの説明をまずは要しよう。水野的氏による提示（『翻訳研究への招待』1「まえがき」）を要約すると、(1)翻訳研究とは学際分野である、(2)研究対象は「言語の変換・転移・媒介に関するほとんどあらゆるもの」、(3)実際のアプローチには人文社会科学のうち言語を

翻訳研究または……　英語でTranslation studiesと表現されるこのディシプリンへの指称が、このように三種類も混在する状況である。たとえば、早川敦子『翻訳論とは何か――翻訳が拓く新たな世紀』（二〇一三年）では翻訳論、山本真弓「翻訳学の試み――詩歌・歴史（story）・宗教的概念（アッラー）の翻訳をめぐって」（二〇〇八年）では翻訳学、水野的「まえがき」（『翻訳研究への招待』1、二〇〇七年）では翻訳研究である。本書では基本的に翻訳研究という呼称を使いつつも、現状に配慮して特に三者を区別せず文脈や流れに応じて適宜使用する。

対象とできる方法論全般、ということになる。また、その発祥の地、ヨーロッパでは「一九七〇年代後半から徐々にひとつのディシプリンとして分離成立して行き、やがてその大きな分枝としてInterpreting Studies（通訳研究）が生まれ」たのだそうである。したがって、比較的新しいディシプリンであると言えよう。

では、翻訳とはいかなる営為なのか。また、類似にして対置的なものである通訳（interpretation）との違いは何か。ここでは便宜上、「ある言語によって表現されているものを、内容に極力異同を生じさせずに別のある言語で再表現する」営為を「訳」とし、そのうち書記言語によるものを「翻訳」、口述言語によるものを「通訳」と考えることとして、その産物をも含めていく。

以上のように、翻訳研究とは、言語学も無関係ではないにせよ、必ずしも言語学そのものではない。ある言語から別種のある言語に翻訳した際の産物である翻訳文を実証として扱わないわけにいかないものの、そこに現れる優劣やそれを成した翻訳技術の高下だけを問う学問でもない。本章では、『全一道人』の和訳文・諺解文を、既に記述されたものだけにとどまらず、その背景をも含めた翻訳営為として、これらにアプローチすることになる。

まず、研究対象となる翻訳営為を、その実践者と翻訳の方向との関係から確認していく。本書と関係のある日本語と韓国語を例にして翻訳者と翻訳方向との関

		翻訳の方向	
		韓国語→日本語	日本語→韓国語
翻訳者	韓国語母語話者	母語→外国語	外国語→母語
	日本語母語話者	外国語→母語	母語→外国語

表3　翻訳営為の種類（日本語と韓国語の場合）

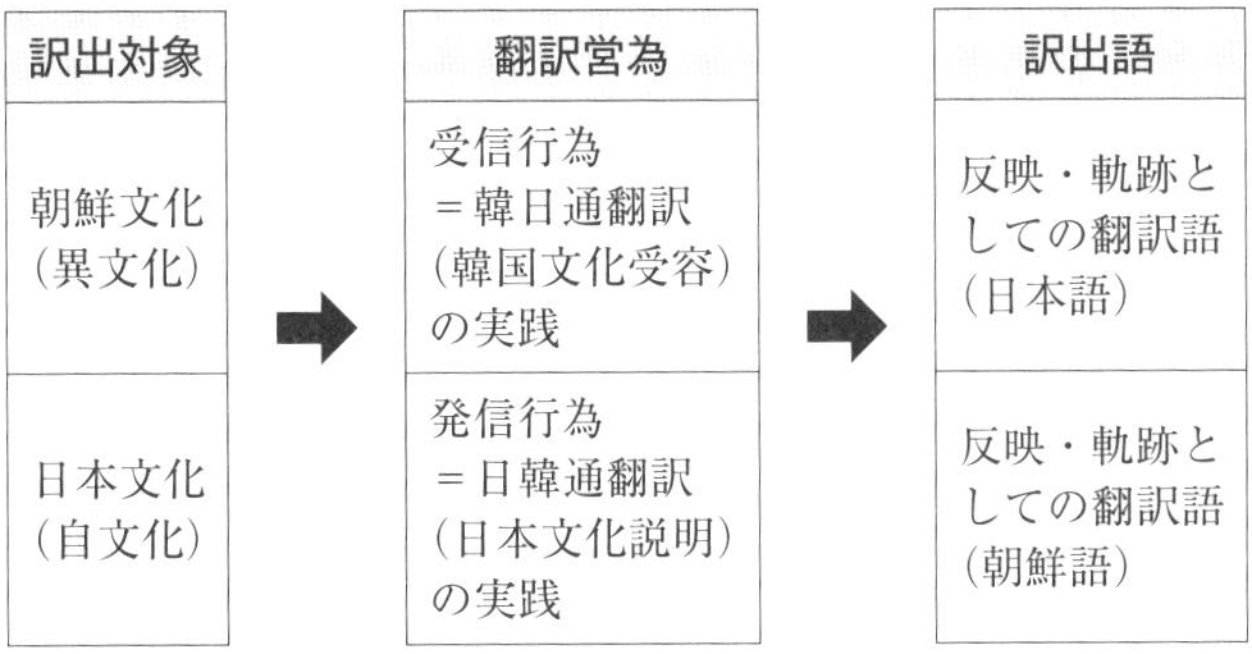

図4　翻訳と文化受容（日本語母語話者の場合）

係を整理すると表3のとおり。翻訳方向も重要であるけれども、ソース言語・ターゲット言語と翻訳者との関係によって翻訳営為の性質に違いがあることが見て取れる。

そして、翻訳者を日本語母語話者に限定したうえで文化受容という観点から解釈すると上の図4のように視覚化でき、文化論として翻訳研究が何を考察対象とするか、明瞭となろう。

つまり、翻訳研究は、訳出語を扱うことも否定しないものの、とくに本書では、訳出語だけでなく、これを手がかりに、訳出対象を訳出語としてどのように生成するかという翻訳営為を研究対象とするわけである。

芳洲の翻訳文の検証——比較対象『五倫行実図』

ここからは『全一道人』の本文である和訳文および諺解文の比較による検証を行う。比較対象となるのは、朝鮮で一七九七年（寛政九／正祖二十一）に刊行された官撰教化書、漢文と諺解文並記の『五倫行実図』である。かっては『全一道人』の底本とされたこともあったが、現在それは否定されている。ただし、それぞれに収められた道徳譚のなかには共通のものもあり、その意味で関係が皆無というわけでもない。『全一道人』が「内容は中国の教訓書で、それを朝鮮で諺文に訳したものを、芳洲が一字一字、日本語で訳した上、その諺文の読み方を、これまた丁寧克明に仮名でしるしたもの」（神田喜一郎「朝鮮と雨森芳洲」）とすれば、「儒者として、また朝鮮語・中国語に通じ、御学者とし又外交官として稀に見る存在」（市川本太郎『日本儒学史（四）近世篇』、一九九四年）であった芳洲の朝鮮語（諺解文）や和訳文は、前近代日本における韓語日訳の表記を検証するばかりでなく、その儒教道徳観念の理解や解釈を言語という思考の足跡から分析する、格好の材料となる。また、その検証により、朝鮮語通訳の「其心をやしな」う教科書として同書がなぜ選ばれたのかを考察する手がかりも得られよう。さらには、雨森芳洲の朝鮮儒教とくにその道徳観念への認識や、日本儒教の朝鮮儒教へのまなざし及び受容態度の検証にも繋がると考えられる。

そこで本書では、『全一道人』の翻訳文のうち韓語については、芳洲在世時を基準として彼の学んだ韓語の時代的下限を『五倫行実図』の頃と措定し、取り上げることにした。由来を同じくする孝行説話を事例とし、該当記事の諺解文どうしの比較や和訳文・漢文本文との関係を検証することで、その語学運用力や儒教的教養の性質に関する考察に踏み込めるのではないかと思う。

芳洲の諺解文・和訳文の特徴

前節で述べた観点から、『五倫行実図』の諺解文、つまり朝鮮語ネイティブによる諺解文と比較しつつ、芳洲の諺解文および和訳文を検証した。その結果をまず整理して挙げると、『全一道人』の特徴は次のとおりとなる。

①人物呼称は日本人学習者の馴染みのある形を採った。
②「ひさまつく」のように漢文にない礼儀や、「生鮮」のように漢文と異なる漢字語であっても、朝鮮理解に有用な情報・語彙は採択された。
③フェチョリで叱るような、漢文・諺文にあっても訳されない内容もある。
④諺解文のなかには芳洲以外の存在を疑わせる質のものも混在する。
⑤『五倫行実図』に比べて諺解文は直訳的な傾向が見られる。
⑥諺解文では『五倫行実図』よりも固有語訳が少ない。
⑦『五倫行実図』と同じく、理解に資するため語彙の添加や削除の操作が見られる。
⑧喪礼に対する訳者の理解に疑わしさが見られる。

①は日本人学習者の便宜を図った翻訳、②③⑦は민병찬「『全一道人』の日本語に関する一考察」の指摘と、⑤⑥は安田の指摘にも共通する翻訳操作と言える。④は⑧の存在から立てた推測である。そこで、該当する事例を紙面の範囲内で簡単に紹介したい。

『全一道人』孝部と『五倫行実図』「孝子図」の比較

『全一道人』孝部と『五倫行実図』との間に共有が認められる人物伝は、閔損事例と王延事例の二種である。

以下では、事例ごとに項を分けて分析しつつ論を進める。紙面の関係上、すべての文章を列挙するのは難しいので、特徴を示す代表的な例を主に取り上げていく。

本検証で取り上げられる引用文の出典については、『全一道人』は、安田章『全一道人の研究』所収のもの、『五倫行実図』は李民樹編『五倫行実図』（乙酉出版社、一九七二年）所収のものをそれぞれ用いる。また、中世朝鮮語の部分には日本語訳を「〈〉」を付したあと示している。一つのフレーズを二つに分けて載せることがある。

민병찬「『全一道人』の日本語に関する一考察」の指摘　「日本人が容易に理解できる語彙を積極的に選んで翻訳しようとした」（三九八頁）。

引用文の出典……　閔損事例：『勧懲故事』の漢文は巻一、七ウ「大孝感親」、『全一道人』諺解文は「全一道人釈文」孝部二六条、一頁「大孝感親」。かなは「全一道人釈文」孝部二六条、八一頁「大孝感親」。『五倫行実図』は漢文・諺解文とも、巻一「孝子図」一ウ―二ウ「閔損単衣」。／王延事例：『勧懲故事』の漢文は巻一、九オ―ウ「至孝継母」。『全一道人』諺解文は「全一道人釈文」孝部二六条、三頁「至孝継母」。かなは「全一道人釈文」孝部二六条、八三―八四頁「至孝継母」。『五倫行実図』は漢文・諺解文とも、巻一「孝子図」二八ウ―二九ウ「王延躍魚」。

人物呼称と文化理解補完——閔損事例より

閔損事例は、『全一道人』において「大孝感親」、『五倫行実図』において「閔損単衣」というタイトルが付された記事を言う。閔損とは『二十四孝』「蘆衣順母」にも出てくる孝行説話の主人公である。記事の概要を簡単に述べておくと、古代中国は周の時代、閔損は非常に親孝行であったが実母が死に、父が娶った継母に虐げられた。それでもなお孝行を続け、しかも異母弟二人を気遣う閔損に心打たれた継母はとうとう改心し、良き母となって閔損ら三人を平等に慈《いつく》しんだという。

ここでは、まず「漢文には見られず諺文にだけある字句」を確認する。

『全』漢　『全』は『全一道人』を示し、「『全』漢」は、『全一道人』の底本となった『勧懲故事』の漢文。以下『五』は『五倫行実図』、「諺」は諺解文、「和」は和訳文を示す。

【孝1】

『全』漢▲　損啓父曰

『五』漢　損啓父曰

『全』諺　민손이〈閔損が　아븨게〈父に　꿀어〈跪いて　엳ᄌᆞ와〈伺って
ᄀᆞᆯ오ᄃᆡ〈曰く

『五』諺　손이〈損が　ᄉᆞᆯ와〈啓して　ᄀᆞᆯ오ᄃᆡ〈曰く

『全』和　閔損父のまへにひさまつき申さるゝは

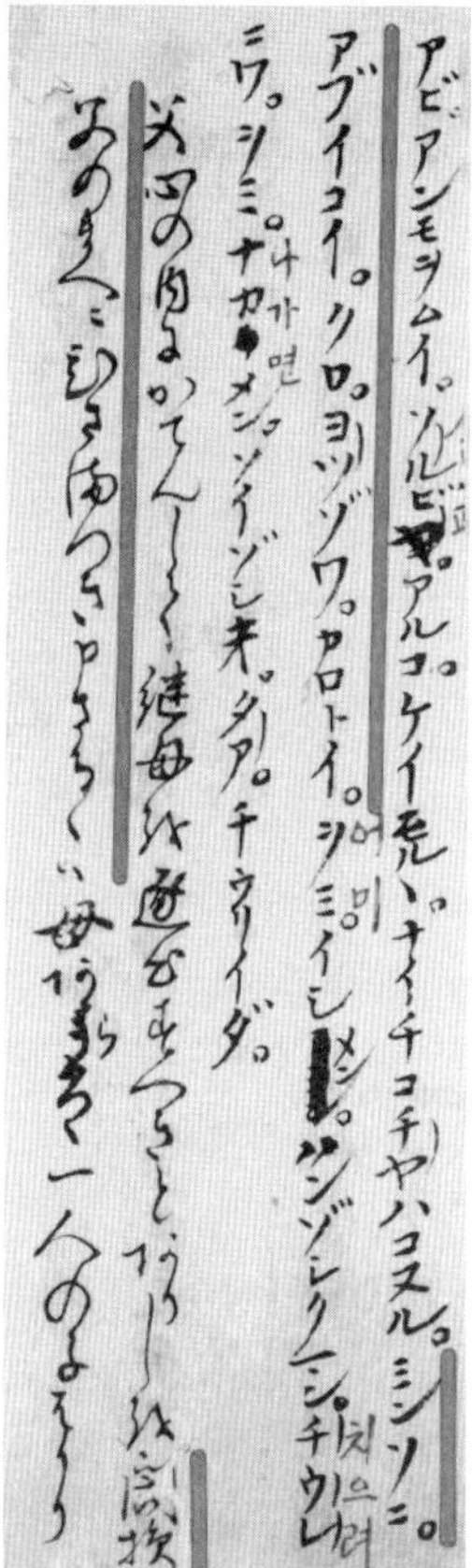

図5　『全一道人』（芳洲会所蔵）孝部1ウより（画像内傍線は本書著者による。以下同）

右の例は、『全一道人』が底本とした『勧懲故事』の漢文本文で「損啓父曰」（比較対象の『五倫行実図』も同一文）、訓読すれば「損、父に啓して曰く」を、『全一道人』、『五倫行実図』でそれぞれどのように朝鮮語に訳したか（諺解文）、また芳洲がそれをどう和訳したか、並べたものである。

この例は漢文本文に異同がないにもかかわらず、諺解文どうしには違いが認められる。諺解文を現代日本語で整理すると『全一道人』のものは「閔損が父に跪いて伺って曰く」であるのに対し、『五倫行実図』のは「父」に該当する諺解がないため「損が啓して曰く」となる。なお、「啓す」は「もうす」の意を持つ。また、『全一道人』内において諺文と仮名漢字交じり翻訳文に字句・内容の大きな異同はないけれども、漢文本文とは違いがあることを確認できる。すなわち、人物を指す呼称として閔損を姓名揃えて呼ぶかどうか、そして跪く動作を表す語句の有無である。

まず、主人公への指称方法について。姓一字・名一字の人間の名だけを呼称として用いるのは、韓語学習者とはいえその教科書に記載するには向いていなかったためか。同様の翻訳は王延の記事についても一例を除いてすべて同じである。一方、韓人向けの民衆教化書である『五倫行実図』の諺解文は、漢文に忠実に「損」一字で閔損を指す。つまり日本人学習者への便宜を図った翻訳である可能性が認められるのである。

次に、目上の者に対して跪く動作は、朝鮮において古くから続くものである。むろん、中国にも「跪坐」「箕坐」「胡座」などのように多くの語彙は存在する。けれども、遅くとも朝鮮の宣祖代（在位一五六七―一六〇八）には国家祭礼において中国式の立礼が朝鮮の者には体力的に厳しいという議論が起こるほど、既に中国と朝鮮とでは身体技法に違いが生じている。▲この点だけで断定するのは難しいものの、あるいはこの違いに芳洲は気づいており、漢文には本来存在しない跪く動作を諺文と和訳文に入れたのであろうかと推量することは可能であろう。

遅くとも……　『宣祖実録』巻二一一、宣祖四十年五月乙丑。なお、この議論の他にも李退渓をはじめ朝鮮の儒者たちは立礼・坐礼の是非について論じており、ついに拝礼論を構築するに至る。金子祐樹「朝鮮跪拝技法論の発生とその背景――「場としての祭祀」を観点とした朝鮮跪拝の一考察」（『国際文化論集』三二、桃山学院大学、二〇〇五年）参照。

日本語表現と文化理解補助——王延事例より

続いて扱う王延事例は、閔損事例に比べ相対的に『勧懲故事』『五倫行実図』両書間の字句の異同が大きく、したがって細部に異同が生じざるをえない。しかし、大筋は基本的に同じであるから、前節と同様、あらましを把握しておこう。

『全一道人』（『勧懲故事』）では「至孝継母」、『五倫行実図』では「王延躍魚」と題されるこの孝行譚の主人公は、春秋時代の晋の王延という者である。九歳にして母を亡くし、儒礼どおりの喪に服した後は命日の墓参りを欠かさなかった。しかし継母には冷遇された。自身が食べたいからと真冬の寒いときに魚を取りに行かせ、捕まえられなければ暴力を振るうほどである。それでも文句を言わず川のほとりへ行き、川に向かって大声で泣いていた。すると突然、大きな魚が川面から跳ね躍ったので、それを捕まえて持ち帰り、継母に供した。ようやく継母も態度を改め、以後は王延に我が子のように接したとのことである。

次の例は、このあらすじに見られる暴力についての記述である。

【孝2】

『全』漢　杖至流血、

『五』漢　杖之流血。

春秋時代の晋　中国史において晋の国号を持つ国には、他に三国時代の魏・呉・蜀を統一した司馬懿のものがある。『五倫行実図』では三国時代の人物の後に配されているけれども、本稿では諸橋轍次『大漢和辞典』の【王延】（第七巻八二一頁）二番のイ項に依拠して春秋時代の人物とした。

『全』諺　매로〈むちで　쳐〈打ち　피· 흐르·기예니르되·〈血、流れるに至るに
『五』諺　텨셔〈打って　피흐르ᄂᆞᆫ디라〈血が流れた
『全』和　打擲し血の流るゝにいたりしに

　和訳文の「打擲」に注目したい。「杖」は杖刑の杖であり、むちの意。よって『全一道人』内の漢文から諺文への訳に異同はない。しかし、漢文と諺解文にある杖・ムチにあたる語彙が和訳文には見られない。日本でも刑罰として道具を用いて人を打つことがないわけではないものの、漢文・諺解文に存在するにもかかわらず和訳文で訳されていないということは何か意図してのことであろうと考えられる。これも可能性の一つとして指摘するにとどまるのだが、朝鮮時代には、子供に仕置きをする際に用いる、フェチョリ（회초리）という細い枝のような鞭

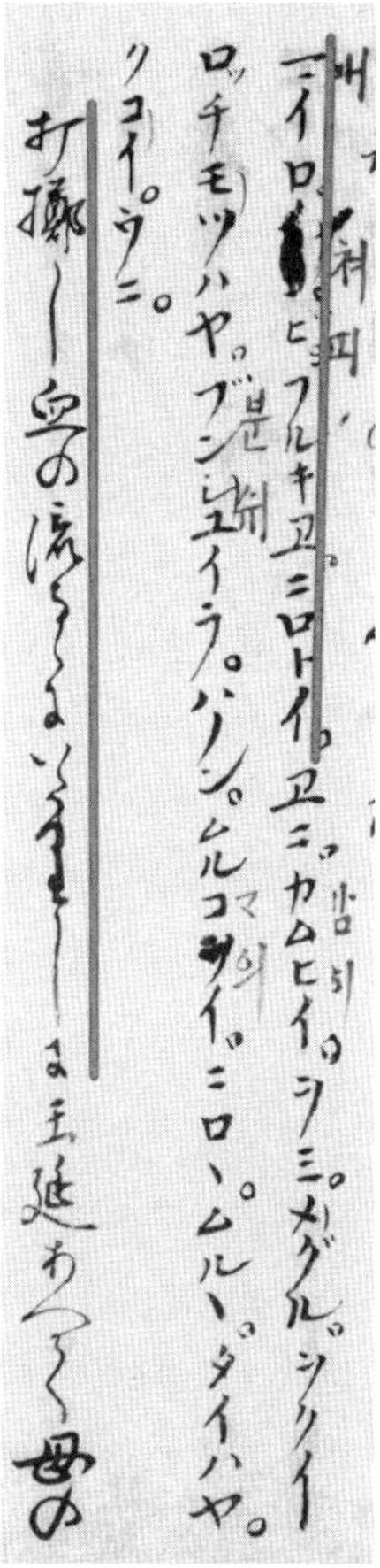
図6　『全一道人』（芳洲会所蔵）孝部8ウ〜9オより

図7　金弘道『檀園風俗図帖』の「書堂」

が存在した。書堂という、日本の寺子屋のような教育施設で、ふくらはぎを打つために使われていたらしい。もしそうだとすれば、血が出るほど打たれたのは足であり、この継母が王延を叱る様子を想像できよう。ただし、その朝鮮で刊行された『五倫行実図』の諺解文が単に「打って」とのみ訳している点は留意する必要がある。

ちなみに、図7は朝鮮時代後期を代表する画家、金弘道（一七四五—未詳）の作『檀園風俗図帖』（檀園は金弘道の号）の一枚、「書堂」でフェチョリ（先生の机の右下にある細い棒）で足を打たれたらしく、べそをかく子供が描かれている。金弘道は『五倫行実図』の挿画も描いている。

『全一道人』弟部と『五倫行実図』「兄弟図」の比較

ここからは、弟部の検証である。まずは左の表4をご覧いただきたい。

『全一道人』弟部と『五倫行実図』で共有される話譚は、先ほどの孝部に比べて若干複雑なのだが、要するに、『全一道人』で弟部に収録されていても『五倫行実図』では孝子図に掲載されたものがあるということである。

弟部は兄弟関係の徳行を説く内容であるため、主人公は一人であっても続柄は必ず兄か弟となる。記事名の付け方は両書で異なり、『全一道人』は「友愛、貴く寿《いのちなが》し」「異母弟を愛す」のように、話譚のあらすじが理解できるものになっているのに対し、『五倫行実図』では「薛包、洒掃す」「鄭均、兄を諫む」といった具合に主人公が何をするか・どうなるかといったことが一目で読み取れる記事名が付けられている。これは、『五倫行実図』が一つの記事に必ず一つの話だけを収録する様式をとることと関係する。『全一道人』の「兄弟争死」が『五倫行実図』の二つの記事と対応しているのは、このためである。『全一道人』では「兄

人物名［続柄］	『全一道人』（部・掲載順）	『五倫行実図』（部・掲載順）
薛包［兄］	「友愛貴寿」（弟01）	「薛包洒掃」（孝子図06）
張礼［兄］ 張孝［弟］	「兄弟争死」（弟03）	「張孝就烹」（兄弟図05）
姜肱［兄］ 姜江［弟］		「姜肱同被」（兄弟図08）
鄭均［弟］	「傭工化兄」（弟05）	「鄭均諫兄」（兄弟図04）
盧操［兄］	「愛異母弟」（弟07）	「盧操順母」（孝子図20）

表4　『全一道人』弟部と『五倫行実図』の共通話

弟争死」という一つの記事に張礼・張孝兄弟の話と姜肱・姜江兄弟の話の二つが併録されているわけである。

また、記事の内容はいずれも兄弟関係にまつわるものであるにもかかわらず、『五倫行実図』では孝子図、つまり親子関係の巻に載録されたものもある。内容が同じであっても、継母・異母弟に挟まれる主人公の、どちらへの徳行に焦点を当てて収録したかの違いと解釈できる。編纂者の観点を示すものと言えよう。

漢字語への対応

ここでは、漢字語が諺解文および和文でそれぞれどのように翻訳されたかについて検証する。【第1】は姜肱記事から取った。画像は省略。

【第1】

『全』漢　家之珍宝、国之英俊
『五』漢　家之珍宝、国之英俊
『全』諺　집의〈家の　진보오〈珍宝　나라희·〈国の　영준이라〈英俊なる
『五』諺　집에〈家の　보비·오〈宝貝　나라히·〈国の　영걸이라〈英傑なる
『全』和　家の宝国のすくれたる人なる

この【第1】では珍宝・英俊という二つの漢字語彙がどう翻訳されたかを見る。和訳文では珍宝を「宝」、英俊を「すくれたる人」と訳された。一方、諺解文を見ると、『全一道人』では珍宝・英俊がそのまま使われているのに対し、『五倫行実図』では「宝貝」「英傑」として別の語彙が当てられている。和文は意訳され、諺解文は直訳または漢字語彙を流用したと言える。

漢文・諺解文にない語彙

続いて、翻訳に際しての語彙の補完や省略といった現象に着目し、ここでは補完現象を扱う。以下は盧操記事から挙げた。画像は省略。

【第2】

『全』漢　従師

『五』漢　読書

『全』諺　스승의게〈師に　글 비·홀〈ふみ（を）習う　ᄉ·이〈間

『五』諺　글 닑으라〈ふみを読みに　갈 ᄉ·ᅵ〈行く間

『全』和　師匠の方へ学問させし時

この諺解文・和訳文では、漢文原文には存在しない語句が補完されている。『全一道人』において和訳文では「学問させし」、諺解文では「글 비홀〈ふみ(を)習う」であり、『五倫行実図』の漢文部分と場所的に一致し、内容も同様であった。時系列的に前身の『二倫行実図』を参照した可能性も考えられよう。

「服喪」句翻訳の問題点

以上、『全一道人』の翻訳には先行研究で指摘されたことも含めてさまざまな特徴が確認されたけれども、とりわけ⑧の喪礼に対する訳者の理解に疑わしさが見られるという点は重要な問題である。なぜなら、泉澄一『対馬藩藩儒雨森芳洲の基礎的研究』(一九九七年)で指摘されているとおり、芳洲はそもそも儒教的知識人だからである。そうであるのに「喪礼に対する訳者の理解に疑わしさが見られる」のは、その翻訳にどのような原因または背景があるからなのだろうか。周知のとおり、儒教における冠昏喪祭(冠婚葬祭)礼のうち、最も重んじられるのは喪礼であり、次いで祭礼である。この両者はいずれも孝の実践行為と考えられており、とくに喪礼は重視される。そして孝は「百行の源」とされているように、儒教で最も尊いとされる道徳である。この重要性を芳洲が理解していなかったとは考えにくい。

具体的に言えば、問題点は「服○○喪」というフレーズの翻訳で見られる。この「服喪」句の問題について、以下で検証を行う。問題の所在をより明確化するため、まずは「喪○」句と「服喪」句を掲げる。事例は《例○》と指称し、《例3》《例4》には該当箇所の原本画像を付す。事例の表示はそれぞれ、「漢文原文」→「和訳文／諺解文〈諺解文の拙訳〉」となっている。

《例1a》「喪母」→「母を失い／상모ᄒᆞ고〈喪母して〉」（閔損）

《例1b》「喪母」→「母にはなれ／어미를 여희고〈母を失い〉」（王延）

《例2》「喪父」→「父にはなれ／아비를 여희고〈父を失い〉」（朱緒）

《例3》「服喪」→「喪服を着／거상 닙고〈居喪（に）服し〉」（薛包。図8・9）

《例4》「服三年喪」→「三年の喪服をたいせつにし／삼년상ᄉᆞ를 극진히 닙고〈三年の喪事に極尽に服し〉」（盧操。図10・11）

《例1a》から《例4》までの和訳文において、《例3》と《例4》が和訳文と諺解文とでまるで異なる訳をしていると分かる。また、《例1a》の訳も「漢字

図8

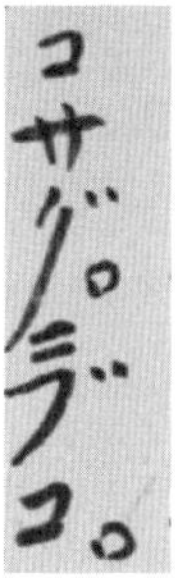
図9

図10

図11

図8～11　『全一道人』（芳洲会所蔵）より

語＋하고（して）」の形で簡単に訳しているだけである。これで充分な翻訳になることもあるものの、いささか安直な翻訳に見えなくもない。右の例を分類すると、《例1b》と《例2》は和訳文と諺解文とで基本的に違いがなく、《例1a》は諺解文がただ「漢字語＋하고（して）」にされただけのもの、《例3》と《例4》が「服○○喪」を衣服の喪服と訳したもの、というように分けられる。つまり、「喪＋（人物）」の訳し方が二種類で、そのうち一種類が簡単な形で訳したもの、そして「服○○喪」の訳は諺解文が正しい訳であるにもかかわらず和訳文が諺解文と大きな違いを見せるものであるという状態である。喪礼に関する訳の正否や訳し方の水準が不安定であることが理解されよう。もし一人の手になる書物だとすれば、なぜこのような不安定さが生じるのか。

この二種類の「喪」の訳のうち目を引くのが先にも指摘した《例3》と《例4》である。後述のとおり、「喪」字には「うしなう」と「も＝故人の死を悼む期間」の意味があり、《例1a》《例1b》《例2》は前者、《例3》《例4》は後者の意味で訳されるのが正しい。しかし、後者の和訳文を見ると、「喪」がこの期間に着る衣服である喪服の意味で訳されている。儒教経典をはじめとした漢文古典を渉猟する儒者の芳洲が、果たしてこのように訳したのだろうか。以下の、服喪に関する芳洲の言説を読むと、なおさらこのような訳にならないであろうことが推測される。

> 服忌令は、唐土の喪制になぞらへ、五服の親を悉くかきあらはし、父母の喪は旧令にしたがひ、そのほかは日をもて月にかへよとあらば、ひと〳〵恩義の軽重を知り、をしへのたすけならむといへる人あり。げにとおもへり。
>
> （『たはれ草』）

服忌つまり喪に服すに際しての決まりは、中国の喪制に従い、亡くなった者との親等を全て書き表し、父母の喪は旧例にしたがい、その他については月で表されているものを日に読み替えよとあるからには、人々は恩義の軽重を知ることができ、儒教の教えを理解する助けになるだろうという人がいる。実にそのとおりである、と随筆集『たはれ草』で芳洲は述べている。儒教における喪の重要性についてこのような理解を示す芳洲が、喪礼に関する文言の訳を誤るとは少々考えにくい。また、韓人を教師とし文献中心に韓語を学んだと指摘のある韓語学習歴▲から考えても、これらの訳文が芳洲の手になるものとも推察しがたい。さらに、よしんば誤訳したとしても、既に挙げたとおり誤り方も一定でない。『全一道人』が一人の手によって作られたものとするこれまでの説の信憑性まで減じる事例と見てよいだろう。

そこで、ここからは、以下の手順で検証し、その結果から考察を進める。はじめに漢字・漢文の観点から「服喪」の語義と字義に着目した後、続いて訓読文と諺解文を和訳文と比較し、最後に方言資料集を用いて当時の口語と対照する。

漢字・漢文の観点から――「服喪」句の語義と各字の字義

まずは、調査対象である「服喪」の語義と字義を確認しよう。諸橋『大漢和辞典』にはこうある（摘記）。

【語義】

韓人を教師とし……　泉澄一（一九九七）、二〇〇一〇一頁。ただ、同書で芳洲に韓語を教えたといわれる呉インギ、またその漢字表記とされる呉引儀なる人物について、『朝鮮王朝実録』で確認することはできなかった。

・服喪フクサウ：喪に服すること。〔晏子、不合経術者〕審於服喪。〔漢書、王莽伝〕服喪三年。

・喪服サウフク：もふく。喪に居る間著る麻製の衣服。斬衰・斉衰・大功・小功・緦麻の五等に分れる。〔中略〕／儀礼の篇名。喪に関する制を記す／白虎通の篇名／モフク喪中に着る服。もぎぬ。

【字義】

・服：きもの。衣服／きる。衣服を着ける／も。又、喪にこもる。

・喪：死ぬ／も。人の死を痛んで、縁者が其の親疎に応じて五等の凶服を著け、一定期間中引きこもる礼。〔正韻〕喪、持服曰喪。〔礼、檀弓上〕事親、云云、致喪三年、事君、云云、方喪三年、事師、云云、心喪三年／もに服する。忌にこもる。〔礼、檀弓上〕子夏喪其子、而喪其明。〔中略〕／ひつぎ／柩を正寝に安置しておく期間内／うしなう。なくする。

右のとおり、諸橋大漢和の解説によると、「服喪」と「喪服」はそれぞれ別個の意味を持つ語彙であり、共通する語意を持たない。また、喪字にサウフクやモフクなど衣類の意味もないため、「服○○喪」を「喪服を云々」と読むことはできない。そうであれば、「服喪」を「喪ニ服ス」とは読めても「喪ヲ服ス」とは訓読できないということになる。よって、「服（三年）喪」を「喪服を着」たり、「三年の喪服をたいせつにし」たりと訳すのは、少なくとも語義と字義、及び訓読としては端的に誤りであるか、または訳者の解釈が強く反映された可能性がある。

「服喪」句、「喪」字・「服」字の訓読

周知のとおり、訓読とは漢文に返り点を付して日本語の語順で読む方法である。一種の翻訳と考えてよいこの読解方法の独特な点として、例えば「孝弟也者其為仁之本与」（『論語』「学而第一」）のように解釈が複数存在するものを、「孝弟也者、其為レ仁之本与」、「孝弟也者、其為二仁之本一与」のようにして、原文を維持したまま訓点で表せることが挙げられる。他の翻訳にない長所と言えよう。

そこで、和刻本『勧懲故事』に見られる、「喪」字か「服」字、あるいは両方の字を含んだフレーズを送り仮名・返り点付きで右に列挙した。前に掲示した《例1a》から《例4》も同じ番号で再掲しておく。

《例1a》　喪フレ母ヲ　（巻一、七ウ）

《例1b》喪《フ》レ母《ヲ》（巻一、九ウ）
《例2》喪《フ》レ父《ヲ》（巻一、九オ）
《例3》服《テ》レ喪《ヲ》（巻二、二オ）
《例4》服《ス》二三‐年《ノ》喪《ヲ》一（巻二、五ウ）
《例5》既《ニ》喪《ス》レ元《ヲ》（巻六、一四ウ）
《例6》恥《テ》為《□》一《ヒ》喪《ヲ》（巻八、一〇ウ）
《例7》為レ喪《フ》（巻八、一二オ）
《例8》恥《テ》被ヒ喪《ヲ?》‐?尽《ノ》（巻八、一二オ）

さて、送り仮名に着目すると、動詞として読むものと名詞として読むものの二種類の存在が分かる。うち、最も多い「喪フ」は《例1a》《例1b》《例2》《例7》で、「うしなフ」と読める。また、ただ一つ「喪ス」と送り仮名を付された《例5》は「なくス」と読む。「元」は「こうべ」や「かしら」と読み、首を意味するからである。後者はすべて「喪ヲ」で、《例3》《例4》《例6》が該当する。《例8》も、影印での判別が難しいものの、ひとまずこれに含めた。これらはいずれも、死者を偲び悼む期間を指す名詞と解釈して「もヲ」と読むのが良かろう。

次に「服」字である。《例3》《例4》が該当し、どちらも動詞として使われている。すなわち、「服テ」「服ス」である。前節で確認した語義と字義を参照すれば、それぞれ「ふくしテ」「ふくス」と読めることは分かる。

ただ、「喪」の送り仮名が「ニ」ではなく「ヲ」である点は看過すべきでない。語義にあるとおり読めば「喪ニ服ス」であって、「喪ヲ服ス」ではないからである。そうであれば、「服」を「～ヲ服ス」と訓読した事例が他にあるかどうかが問題となる。管見では残念ながら確認されなかったものの、日本の古語辞典を参照すると、たとえば『全訳古語例解辞典 第三版』や小学館『日本国語大辞典 第二版』では「ブク」と読んで喪服の意に解すると指摘されてはいるので、もし、「ブクす」と読むことで「喪服を着る」と解釈することが可能なら、「もヲぶくス」と読んで「喪中に喪服を着る」と解釈できるのかもしれない。この解釈であれば、『全一道人』の和訳文と意味が似てくるだろう。前例が確認されない以上、残念ながら推測の域を出ないものの、「喪服を着る」和訳の発生する可能性があることは確認できたと考える。

諺解文の観点から――韓語ネイティブの翻訳との比較

ではここで節を改め、これまでの検証と同じく、『五倫行実図』の諺解文に見られる喪礼関連語彙の用例について確認したい。「孝子図」と「兄弟図」において「服」「喪」の一字以上が含まれた漢文のフレーズとそれに対する諺解文を出現順に並べると、以下のとおりであった。

『五倫行実図』巻一「孝子図」

早喪母／일즉 어미 죽고〈早くに母が死に（閔損単衣）

服竟／상을ᄆᆞᄎᆞ되〈喪を終え（江革巨孝）

釈[*1]服／상복을벗겻더니〈喪服を脱がせ（江革巨孝）

殆不免喪／거의죽게되니〈ほとんど死に（黄香扇枕）

喪母／어미ᄅᆞᆯ여히·고〈母を失い（王祥剖冰）

居喪／거상ᄒᆞᆯ시〈居喪するとき（王祥剖冰）

制服三年／삼년을 거상ᄒᆞ고〈三年を居喪し（許孜埋獣）

喪母／어미ᄅᆞᆯ여희고〈母を失い（王延躍魚）

居喪／거상ᄒᆞ기ᄅᆞᆯ〈居喪することを（黔婁嘗糞）

居処飲食常為居喪之礼／거쳐와음식을상인ᄀᆞᆺ티ᄒᆞ더니〈居処飲食を常に喪人のようにし（不害捧屍）

母喪柩／어믜상귀〈母の喪柩が（不害捧屍）

居喪／거상ᄒᆞᆯᄉᆡ〈居喪するとき　（王崇止雹）

崇[*2]雖除服／슝이거상을ᄆᆞᆺ고〈崇が居喪を終えて　（王崇止雹）

服母喪／어믜 거상을 닙고〈母の居喪に服し　（盧操順母）

既終喪／거상을 ᄆᆞᆺᄎᆞ되〈居喪を終えたが　（徐積篤行）

送喪／상ᄒᆡᆼ을ᄎᆞᆯ혀 보내여〈喪行を整えて送り　（劉氏孝姑）

服闋／상을 ᄆᆞᄎᆞ매〈喪を終え　（婁伯捕虎）

喪父／아비죽고〈父死に　（自強伏塚）

母喪／어미죽으매〈母の死に　（自強伏塚）

服闋／거상을 ᄆᆞᄎᆞ〈居喪を終え　（自強伏塚）

不離喪側／상측을ᄯᅥ나디아니ᄒᆞ고〈喪側を離れず　（殷保感烏）

『五倫行実図』巻四「兄弟図」

喪父母／부모ᄅᆞᆯ여희고〈父母を失い　（王琳救弟）

雖服喪期年／비록긔년복을님으나〈たとえ期年服に服すとも　（王密易弟）

心喪六載／뉵년을심상ᄒᆞ니라〈六年を心喪した　（王密易弟）

求夏服／여ᄅᆞᆷ 오ᄉᆞᆯ 구ᄒᆞ니〈夏服を求むるに　（蔡廓咨事）

夏服／여ᄅᆞᆷ오ᄉᆞᆫ〈夏の服は　（蔡廓咨事）

居喪三年／거상 삼년에〈居喪三年に　（光進反籍）

嫁娶喪葬／혼인과상ᄉᆞ를〈婚姻と喪事を　（仲淹義荘）

冠婚喪葬／혼인과상ᄉᆞ를〈婚姻と喪事を　（文嗣十世）

「喪」字を見ると、「喪失する」か「死者を悼む喪」の一方で直訳されるか、その文脈から「死ぬ」意で意訳されているもの、これらが大部分であると分かる。興味深い例外として「居処飲食常為居喪之礼」を「거쳐와음식을상인ᄀᆞᆺ티ᄒᆞ더니〈居処飲食を常に喪人のようにし」（不害捧屍）とするものや、「送喪」を「상ᄒᆡᆼ을ᄎᆞᆯ혀보내여〈喪行を整えて送り」（劉氏孝姑）と、かなりくだけた意訳をしているものが挙げられる。したがって、多少の意訳や例外が見られはするものの、基本的に「喪」は本来の字義どおりに解釈されていることになる。

一方、「服」字は、衣服の意味よりも、上述の字義でいう「も、または、喪にこもる」の意で訳されているものが多い。このように見れば、『五倫行実図』の「喪」字と「服」字は死者を悼む「も」という概念で通用していると言うことができる。

こうした翻訳状況で注目すべきは＊1と＊2である。前者「釈服」、「服を釈《と》かし」と訓読するしかないものに対し、「服」を「喪服／ソウフク」つまり喪礼用の衣服と解釈している。また、後者は訓読すると「崇、服を除くと雖も」であるのに「服喪」の「喪／モ」と解釈する。前者は、先行文脈で喪服を着ていたものとする内容が現れているので、単に「服」とのみしたもの。後者は、喪に服すこと、諺解文では居喪と訳された箇所を、便宜上送り仮名をつければ「服喪スルコト」を「服」字で表したものと考えられる。つまり「も（喪）」「喪に服す（こと）」「喪に服するために着る服」の三つの概念が「服」字に統合され、読み分けられていることになる。先行文脈の内容を受け継いでいるとはいえ、「喪服を脱がせる」行動が「喪を終わらせる」意味を持つ場面の描写を、韓語ネイティブがそのまま行動として諺解した記事の存在は、雨森芳洲も読んだことがあったのではないだろうか。なぜなら、この記事は『二十四孝』にもあり、儒者である芳洲が『二十四孝』の記事やその主人公を知らないとは考えにくいからである。

以上のことから、少なくとも韓語ネイティブの手による諺解では、「喪服を脱がせる」＝「喪を終わらせる」の意という実例のあることが確認された。これは、『全一道人』の「服喪」句を「喪服を着」＝「居喪（に）服し」の意とする和訳文にやや近い。ただ、『五倫行実図』では話譚の場面での行動が持つ意味を理解しつつ場面どおりの諺解をしたままで、「服喪」句それ自体を「喪服を着」と訳す和訳文とはまだ距離がある。ここで我々は、『全一道人』が韓語通詞養成用教科書であること、つまり読者に教えようとしているのは音声としての韓国語▲であることに立ち返り、対馬の口語世界に目を向ける必要がある。

口語の観点から——対馬の葬喪礼と方言

ここまで検証の対象としたのは、漢文および漢字、そして諺解文であった。現代的に言えば、前者では訓読《くんよ》みや訓読《くんどく》▲という、言わばもう一つの日本語翻訳で、後者の諺解文は朝鮮語翻訳である。この両者により、当時の日本語においても朝鮮語においても、一応は「喪服を着る／脱がせる」表記が「喪に服す／喪を終わらせる」含意を有することが不可能でないことが確認された。しかし、これらはいずれも発信者側からの情報であり、翻訳に過ぎない。仮に「喪に服す」という意で「喪服を着る」と表記したとしても、果たして受信者たる読者は「喪に服す」という含意を理解できたのであろうか。つまりここには、シニフィアンとシニフィエが一致していない（ように見える）ことを読み手が解決できたのか、という問題が見出される。

そこで、最後に、『全一道人』があくまで韓語通詞を養成するための語学教科書である点、換言すれば、同書が韓語稽古生という限定された読者層を対象としたテキストである点に着目する。具体的には、この本を使って韓語を学習すると

読者に教えよう……　『全一道人』の韓語が全てカタカナ表記になっているのは、音として韓語を理解させようとしたためであろう。

訓読みや訓読　日本語では、訓読み（くんよみ）を「漢字一字が持つ和語としての読み方」、訓読（くんどく）を「漢文に返り点や送り仮名などを付して日本語の語順で読む（これを「読み下す」という）方法」として区別する。けれども、韓国語では両者とも훈독と総称される。

想定された韓語稽古生たちの口語である対馬方言における喪礼関連語彙を検証することで、このような表記と含意の乖離を克服できる言語的基盤があったのかを確認したい。ただ、芳洲が活躍した十七世紀後半から十八世紀前半までの期間の日本語、それも対馬方言の音声を実際に聞いて検証することは不可能であるため、ここでは『対馬南部方言集』（滝山政太郎著・柳田国男編）に収録された対馬、より正確にはその中心地である厳原《いづはら》方言を直接の検証対象とした。そのために、まずは対馬の葬喪礼について式次第や関連方言などから概観し、『全一道人』に見られる「服喪」句の訳の背景を確認しよう。その後、次節で喪服関連の対馬方言を見ていく。

さて、対馬では武士や僧侶のような支配層と一般民衆とで墓の様式が異なっていたとの指摘があるので、こうした点にも注意しなければならない。韓語通詞の教育制度や教科書を作った雨森芳洲は藩儒であるため支配層に属するけれども、将来の通詞として養成される稽古生たちは町人であった（田代和生「対馬藩の朝鮮語通詞」、一九九一年）。したがって、ここでは一般民衆の葬喪礼を確認する必要がある。

そこで、対馬の葬喪礼の特徴を簡単に紹介すると、以下のとおりである。▲

対馬の葬喪礼の……　対馬の自然と文化を守る会『対馬の自然と文化（復刻版、第一集—第二八集）』（二〇〇一年）、一二五—一二六頁を参考に、要点を抜粋。

①集落で弔って土葬。ただし変死者は火葬。
②通夜は身内の者だけで行い、僧を呼んで枕経をあげてもらう。
③葬喪礼当日、出棺。墓地での焼香後、近親者は後を振り向かずに帰宅し、玄関にて塩と水で自身を清めてから家の中へ。一方、集落の者は棺を埋めてかぶせ石をのせる。
④野送りが終わると「しあげ」の儀式をして集落の者も帰宅する。

野送りとは、対馬方言で葬喪礼をいう。枕経のために僧を呼んだり、葬儀によって臨時収入を得た寺に「あの寺は鯨を取ったぞ」と揶揄するように、対馬の一般民衆の葬喪礼において僧は当然の存在であったらしい。ただ、だからといってこれが純粋な仏式葬礼とは即断できない。というのも、「ヤマタテル」という方言で言い表される葬式の慣習が対馬にはあるからである。「ヤマタテル」とは「葬式をするに当り其通路に神社があれば、椿の葉を其社前の堀に挟み不浄を避ける」ことをいう。明示されていないものの、先の式次第と照らし合わせると「其通路」とは棺が出されて墓地まで運ばれる際の通路ではないかと解釈できる。ここから、神社に対して黒不浄（死穢）を避けるという神道的な信仰心も垣間見えよう。このように、葬喪礼の式次第だけでなく、その場面で使用されていた対馬の人々の方言を参照することで、対馬の一般民衆にとって葬喪礼は神仏習合的な信仰心をもって行われる儀礼であったことが浮かび上がるわけである。

さらに、地域によっては庶民の墓が両墓制であったという。両墓制とは、死体を埋めるためだけの墓と、実際に参る墓の二つが用意される墓制であり、後者は「参り墓」「おがみどころ」のほか「カラムショ」という独特の語彙で呼ばれていた。対馬において両墓制が「寛文期（一七世紀後半）より一八世紀末の寛政期ころまで」、つまり一六六一年頃から一八〇一年頃まで行われていたとの指摘（『対馬の自然と文化』）から、少なくとも雨森芳洲の存命当時はこの墓制か、あるいは先の式次第のような墓制を慣行としていたのである。したがって、当時の学習者の持つ葬喪礼観と、『全一道人』を通して学習させようとする儒教的教養との間には、かなりの隔たりがあったのではないかと考えられる。

対馬における喪服の方言

ところで、対馬方言には喪服を表す語彙もあり、二つの対馬方言辞書に収録されている。一つは『日暮芥草』、もう一つは先にあげた『対馬南部方言集』である。『日暮芥草』は、「対馬藩士なる平山棐《たすけ》が筆のすさびになる字引語釈であつて、文化十年（一八一三）の序文奥書があり、明治四十年［一九〇七］頃は完備物が平山家後裔に保存されてあった［中略］秘蔵物なので九大［九州大学］へ郵送して副本を作る事も望めな」（吉町義雄「対馬字引『日暮芥草』府中語抄」、一九五〇年。『日暮芥草』の引用はこの資料による）かったという。また、吉町が目にした時点で既に全二十巻のうちの十巻分しか伝わっておらず、「本編は二巻宛合本となつて計十二冊内六冊現存」とのみ確認されたとのことであった。とはいえ、「広く神書儒書仏書を引用し懇到なる所見を附し、言葉に対する参考として真に有用の資料」（滝山『対馬南部方言集』）と、滝山からも収録内容の質が高く評価されている辞書でもある。

このような二種の辞書に見られる喪服の対馬方言は、以下のとおり。

『日暮芥草』

いろ　喪ある者の服を素韠《イロ》といふいろの称は倚廬《イロ》字彙ニ倚廬ハ喪舎也とありに居服《ヲル》といふ事成べし【葬式に服する白衣】

『対馬南部方言集』

イロ　葬式に用ひる白衣。

うち、「葬式に服する白衣」の文言が基本的に同じなのは、『対馬南部方言集』

の昭和十九年（一九四四）の原本刊行後、吉町氏が調査した際に「【 】内は紹介者〔吉町氏〕が翁〔滝山氏〕に質し、又は翁が当初から添へられた説明文」（吉町・序）であるためであろう。したがって、ここでは【 】より前の部分に注目することとなる。

右のとおり、対馬方言で喪服のことを「いろ」という。『日暮芥草』の説明には興味深い二つの文言があり、「喪ある者の服を素韠《イロ》」と「いろの称は倚廬《イロ》〔字彙ニ倚廬ハ喪舎也とあり〕に居《ヲル》服」である。そこで、この二つの文言に現れた漢字語を検証してみたい。

まず、「素韠」である。原著には「イロ」とルビが振られているけれども、本来の読み方は「ソヒツ」である。「なめし皮を以て作つた膝蔽。大祥の祭に服する」（大漢和）とあり、出典に『詩経』や『儀礼』が挙げられている。大祥とは死亡日から満二年になる日に行われる喪礼の一節次である。出典からも、この漢字語が儒教由来のものであることは明らかであろう。ただ、「ソヒツ」を「いろ」と読むのはあまりに強引であり、この読みに至るには第二の記述が手がかりとなる。

「倚廬」は、日本語漢字音でもそのまま「いろ」である。「父母の喪中に住む仮のいほり。中門外の片隅に差掛けて作る」との説明が大漢和で付され、いわゆる

原著者の……　図12左の「以草苫蓋之」は草苫つまり草むしろで屋根を作るということで、戸は北向き。また、図右下から順に「斬衰幕次」「大功幕次」「小功緦麻幕次」とあるのは倚廬を建てる順序で、斬衰・斉衰・大功・小功・緦麻の順で死者との親族関係が遠くなる。斬衰は死者

本人の子などで三年喪に服する関係、斉衰は祖父母を亡くした孫などで一年喪に服する関係、以下、大功は九か月、小功は五か月、緦麻は三か月の喪に服する関係である。当然、服喪期間が長いほど親族関係が近しい。したがって、最も関係の近い斬衰の者が最北に廬を建て、以下、南下していく。斉衰が明示されていない理由は分からない。

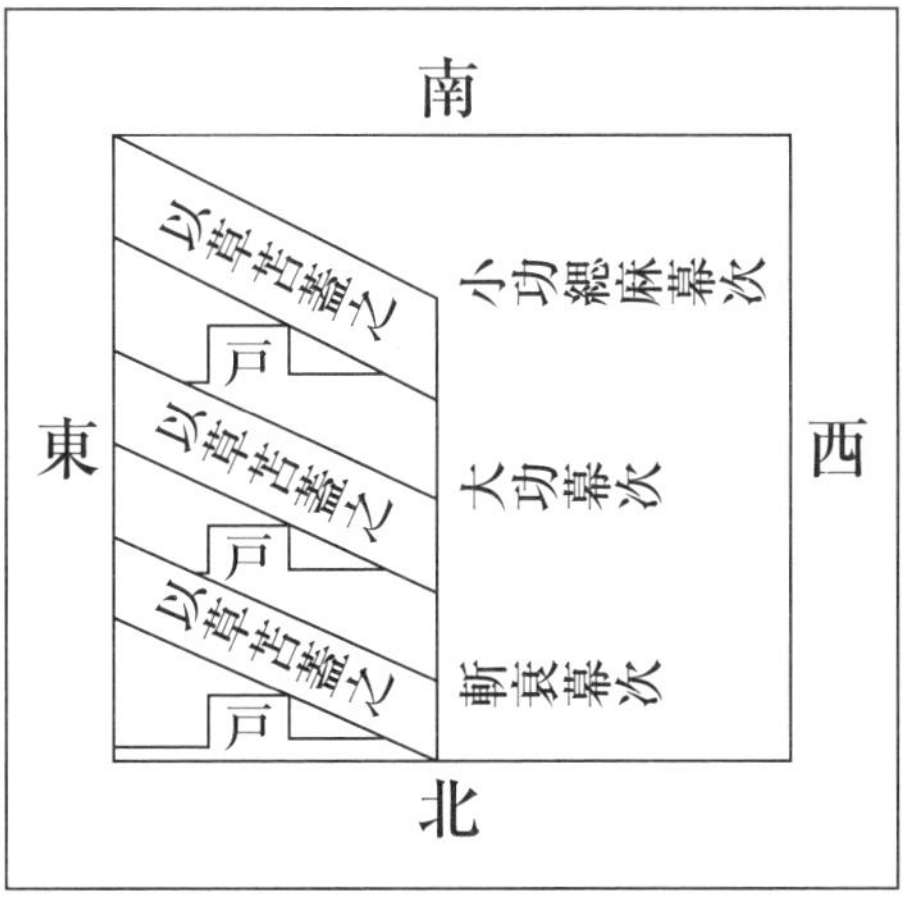

図12　「倚廬図」　金長生『沙渓全書』24、25オ「家礼輯覧図説」「倚廬図」（韓国古典総合データベース）から作成

三礼（『周礼』『儀礼』『礼記』）や左伝、『荀子』『墨子』など多様な出典が挙げられている。『日暮芥草』では割注で「倚廬ハ喪舎也」と述べられているものの、「喪舎」という語彙については、『大漢和辞典』・『韓国古典総合データベース』・『中国哲学書電子化計劃』のいずれで検索しても出てこなかった。原著者の平山翁が「倚廬」を分かりやすい漢字語で再表現したものであろう。ちなみに、「倚廬」とは図12のとおりのものである▲という。

そして、平山翁も明記したように「いろ」の由来は「倚廬」であって喪服そのものではない。喪中の人が倚廬にいるときに着る服というのが前提として存在し、ここから転じて実際に倚廬にいるかどうかに関わりなく喪にあるときは倚廬にいるときと同様の服を着ることとなり、さらに転じて倚廬の発音「いろ」が喪服を指すようになったと見られる。滝山氏が方言収集を始めた時点では聞き取った会話の中で既に「いろ＝葬式に用ひる白衣」という記号表現と記号内容の関係が成立していたため、ただ右のようにのみ説明したのであろう。

つまり、対馬方言において、「いろ」という発音自体に喪服という意味がもともとあったわけではない。「倚廬」という、喪中に墓守りするための仮暮らしの建物の名称がまずあり、背景は分からないものの、右のような転訛を経て「いろ」という発音が喪服それ自体、つまり喪のときに着る白衣を意味する表現になったわけである。

素轔であれ倚廬であれ、儒教由来の語彙であることは間違いないものの、特に発音のみ定着している倚廬がどのような経緯で対馬方言に入り込んだのかが関鍵《かんけん》となる。支配階層の知識人や、朝鮮国の使節と韓語で直接話す通詞から対馬の民衆に広がっていった可能性は考えられるものの、憶測に留まる。が、仮にこの憶測をさらに推し広げていくとすると、「倚廬」と「いろ」の関係から想像すると、喪にある人が喪服を着て「倚廬」にいることから「イロ即ち喪服」という転訛が起こったことからすれば、「喪に服すること」と「喪にあることを表す喪服を着る」ことの区別が曖昧になっており、「喪服を着る」と言えば「喪に服する」ことを意味するようになったために、「服喪」を「喪服を着」とし、「服三年喪」を「三年の喪服をたいせつにし」とするような訳が発生した、とは考えられる。つまり、我々にとって「喪服を着」「三年の喪服をたいせつにし」が単に喪服を着たり大切にしたりするような意味にしか解釈されなくとも、韓語通詞稽古生をはじめとする当時の対馬の人々にとっては、「喪服を着」たり「三年の喪服をたいせつにし」たりするという表現が実は「喪に服」し「謹んで三年喪に服」すという意味で解釈されていたと考えられはしないだろうか。

この仮説の傍証となり得るのが、及川智早氏の「死後の諸々の行為をかなり広範囲に亙って意味するやまとことばの「モ」という概念は、当時広くゆきわたっていた」という指摘(「古事記と日本書紀に於ける「喪」について」)である。また、この指摘を受けた小倉久美子氏の「やまとことばであるモは、死者をとりまく一連の儀礼全体を意味していた。[中略]喪は死の発生とともに始まり、生き残った者が死者と向き合う時空を意味することになろう」(「日本古代喪空間の変遷」)との指摘もある。いずれも古代日本語の「も」に対する指摘ではあるものの、古来日本では「も」という語が「喪」に関連するさまざまな事象を包括的に意味していたという両氏の指摘は、「喪」字や「服」字の持つ多様な葬喪礼関連の概念を受け入れる素地がやまとことばにもともと備わっていたということであるとともに、これまで取り上げた、喪の時期に着る服という概念が、喪の時期にこもる庵を意味する「いろ」という発音を取り入れたとする説の信憑性を裏付け得るからである。

このように包括的な性質を持つ「も」概念が日本語にあり、それが近代に入る以前においても維持されていたのであれば、「喪服を着る」ということばが「喪に服する」として通用することも、充分に許されよう。喪に服するための庵を意

味する「いろ」がそこで着る服の意味として通用していた事実がこの可能性を裏打ちしている。であれば、「服三年喪」という漢文句が、「三年の喪服をたいせつにし」と訳されたことで、「三年のあいだ、喪に服することを謹んで」という意味で理解されたことも充分にあり得ると言える。現代日本語で理解する我々にとっては誤訳に映るとしても、『全一道人』の読者として想定された対馬の一般民衆にとっては誤訳でも何でもなく、同書の諺解文の「거상 닙고〈居喪に服し〉」や「삼년상ᄉᆞ를 극진히 닙고〈三年の喪事に極尽に服し〉」と一致する和訳文として読まれていたと考えることができるのである。

『全一道人』の翻訳から見た雨森芳洲

芳洲は、その語学能力のために外交官のように評されることもあるけれども、その知的基盤はあくまで儒教である。当然、儒式喪礼についても熟知し、その理解のもとに『全一道人』を翻訳していたことは容易に考えられる。同書において「服（三年）喪」句が「喪服を着」や「三年の喪服をたいせつにし」と訳されていたのはおそらく方言での翻訳だったのであり、いわば儒教語彙の翻訳に際してのローカライズであった。芳洲がなぜわざわざこのような手間をかけたのか、答えは一つであろう。内容に対する学習者の理解度を高めるためである。それに同書の諺解文が漢文に忠実とは限らないのは、自身の知る限り標準的な韓語を学ばせるためであり、この点は現代の各種教科書と変わらない。

『全一道人』の諺解文と和訳文、そして韓語稽古生に意味を直《じか》に理解させるための和訳文の検証を通して見えた芳洲の姿と翻訳能力・態度は、以下のようにまとめられよう。

すなわち、翻訳の精度が高かったこと、しかも単に韓語や唐語といった外国語が堪能であるにとどまらず、任地である対馬の方言にまでも目の行き届いている徹底ぶりが明らかとなった。とくに、ローカライズ翻訳は、言語だけでなく儒教的知識に通暁しているからこそ実現できたことである。「服喪」句の和訳文は、喪礼や韓語の理解度を疑われる質のものであるどころか、定説以上に優れた芳洲の語学力・儒教知識、そして学習者への配慮の産物であったのである。

三▼『全一道人』の背景――『海游録』を通して

『海游録』と申維翰

芳洲は、『全一道人』を著し、その序文に通詞養成カリキュラムを書き、実際に対馬藩をして養成所「韓語司」の設立に至らしめたほど、韓語通詞の養成に心血を注いだ。長崎での唐語学習や釜山での韓語学習、さらに朝鮮通信使を迎える業務に二度（一七一一年・一七一九年）も携わった芳洲が、その語学力を身につけるまでの学習歴や苦労など各種経験を土台として後進育成に努めていたことは想像に難くない。芳洲晩年の著述、『交隣提醒』で「人により候ては言語さえよく通じ候らえば相済み候と存じ候らえども」、つまり、通じさえすればそれで済むと考える者もいたような、外国語運用能力およびそれを駆使する通訳業務への過小評価への不満とも対抗心ともとれる心情の吐露も見られるからである。そして、その様子は、通信使一行の多くの目にも映っていたであろう。

そこで、本章では、韓語通詞たちがどのような現場で、どのような業務をしていたのかについて、目撃者であり自身も通詞にアテンドされた経験を持つ、通信使一行の一人、申維翰の『海游録』を頼りに検証し、もって芳洲が韓語通詞養成に向けて尽力した時期に執筆された『全一道人』の著述動機をより深く理解したい。

そもそも『海游録』とは、一七一九年（享保四／粛宗四十五）の第九次朝鮮通信使で製述官として訪日した申維翰（シン＝ユハン／신유한）の手による日本紀行文である。そこで、申維翰についても簡単に紹介すると、生没年は一六八一年（延宝九・天和元／粛宗七）―一七五二年（宝暦二／英祖二十八）で、字は周伯、菁川または青泉と号した。本貫は寧海。文科及第したのは通信使一行に加わる六年前に当たる一七一三年である。官職は奉常僉正にまで昇った。文筆に優れ、また、詩作でも有名であったらしい。著作としては『海游録』のほか、その文集である『青泉集』、編者として制作にかかわり注釈を加えるなどした『奮忠紓難録』が挙げられる。

朝鮮通信使が訪日して行うことの一つに日本の国情調査が含まれるのは、既に知られたところである。申維翰の『海游録』には日本の諸相に関する記録がなされており、その内容は大衆文化から国体に至るまで、多岐にわたる。こうした記述の土台となった調査の結果は、旅程記録の中だけでなく、末尾に別途設けられた「聞見雑録▲」でも参照することができる。諸々の文化事象だけを集めて一つの

「聞見雑録」　『海游録』民族文化推進会本では「附聞見雑録」（下巻所収）、韓国文集叢刊本では「海游聞見雑録」上下（『青泉先生続集』巻七・八）のように、名が若干異なっている。また、姜在彦訳注平凡社東洋文庫本では「付篇　日本聞見雑録」としつつ、「(抄)」と付して全文でないことを示す。このように、それぞれで少しずつ名が異なるため、本書では共通名称である「聞見雑録」とした。

篇として独立させたところに、同使行における申維翰の調査にかけた意気込みが感じられよう。

　このような申維翰の調査において、対馬から随伴した韓語通詞（『海游録』では「通事」）の存在が小さからぬ助力になったことは、旅程記録部分に見られる通詞とのやりとりから、明らかである。『海游録』の大部分を占める当該部分は、韓国文集叢刊本において「海槎東遊録」という名が付けられており、これを収録している『青泉先生続集』全十二巻のうち第三―六巻を占める。続く第七―八巻が「海游聞見雑録」であるということは、単純に巻数で見れば全巻のうちの半分が旅行記録部分に割かれたわけである。なかには、往路の対馬府中（厳原）で起こった、拝礼様式を契機とした対馬と朝鮮国の関係についての申維翰・倭語訳官と芳洲とのやりとり（「六　「名分」と「旧例」の確執」▲）や、復路の京都で発生した大仏寺の縁由に関する日朝の衝突（「二六　大仏寺（京都）をめぐるもめ事」）といった、芳洲自身が直接介入して事態を収拾する大事件も記録されている。しかし、通詞の業務はこのような大場面にのみあるのではない。むしろ、賓客に随伴して滞在中に不便が生じないように、可能な限り細大漏らさず、それでいて自身が前面に出ることなく、言語面を中心に補助するのが通詞の仕事である。これは、現代の通訳者がアテンド通訳でクライアントをサポートするのと全く変わらない。

「六　「名分」と「旧例」の確執」
民族文化推進会本や韓国文集叢刊本にはこのような章題がないため、本書では場面ごとに付された平凡社東洋文庫本の章題を便宜上、使用した。

申維翰は道中で日本語に慣れて多少やりとりできるようになったものの、本格的な国情調査に堪えるほどではなかった。そのため、調査には日韓通訳可能者の助力がどうしても必要であった。そこで申が選んだのは、自身と同じ母語の倭語訳官ではなく、日本語を母語とする対馬人の韓語通詞である。『海游録』には、申が韓語通詞を連れて日本の諸相を目の当たりにし、通詞に質問する場面が少なからず現れる。本書では、このように芳洲とともに通信使随伴業務に従事しながらも、芳洲の陰に隠れて着目されなかった韓語通詞たちに焦点を当て、その就労実態の検証結果から、芳洲をして『全一道人』を単なる語学教育に留まらず「其心をやしな」うことまで視野に入れた韓語通詞養成用教科書の作成に突き動かした背景を考察したい。

芳洲のいた現場——韓語通詞と申維翰

以上のとおり、『海游録』は非常に多くの情報を記録しており、さまざまな関心から読まれ、研究されてきた。本節では、紙面の関係上ごく僅かな事例に留まるものの、申維翰と韓語通詞が接した場面を紹介し、その業務実態を確認したい。

一七一九年六月二十日から七月十九日までの約一か月間、申維翰を含む通信使一行は対馬にいた。一か所にとどまっていたわけではなく、佐須浦（佐須奈）・豊

日韓　ここでいう「日韓」の順は、表記言語を主としての表現に過ぎない。本報告が韓国語でなされていれば「한일」となる。よって、韓語日訳や日語韓訳のようにソース言語とターゲット言語という訳関係を表すものでもない。

浦（豊）・西泊浦（西泊）・金浦（琴）・船頭港（小船越）・対馬府中（厳原）の順で移動し、その後、壱岐へと向かう。たとえば、船頭港で交わしたやりとりが、次のように記録されている。

船頭港は、海中の山の環になったところにある。［中略］

舟は翠壁によって停泊した。壁上には二つの石柱があり、高さ二丈、縦横に組んで門を作り、門内には神祠を設けている。堂宇は、剝げおちているが瓦葺きであった。「これは何の神か」と問うと、倭通事はつぎのように答えた。

「昔、平秀吉（豊臣秀吉）が舟師をもって西行したときのことであった。山の背から洋口に出たとき、ある嵩工がいうのには、今日は必ず悪風に逢うだろう。この山を廻ったところに僻港があり、風濤を避けるにたる、と。秀吉はこれを信ぜず、妄言をなすものとして嵩工を斬った。

日暮に、はたして逆浪に遭い、ようやく死から逃れ、帰るときに、この港に入った。秀吉は、はじめて嵩工の言の正しさを知り、嘆いていうのに、嵩工は誠心我を愛しんだ、と。そして祠堂を建てさせ、これを祭った。俗に嵩工を船頭という。ゆえに、船頭港または懸頭浦と呼ぶのだ」と。

［中略］

余はこれを聞いて、笑って曰く、「これ、その智恵の大いさは、陰陵（中国安徽省の山の名、項羽がここで道に迷ったという）の田父にも如かない。もともと、この人を殺しておいて、何を祀るのだ」と。通事もまた笑った。

対馬の船頭港（小船越）にある二つの石柱と、そこに設けられた神祠に気がついた申維翰の問いに対し、韓語通詞の一人が答えた場面である。その際、陰陵の田父という、『史記』「項羽本紀」の一節にある、項羽をだまして誤った道を行かせた農夫を引き合いに出し、それにも及ばぬ愚かさであると、豊臣秀吉をこき下ろした。それに対して通詞も一緒になって笑っている。儒教をはじめとする漢学の教養に裏打ちされた諧謔で、文禄慶長の役＝壬辰丁酉倭乱終戦後百年を過ぎてなお秀吉への悪感情が維持されていることが分かる。

少々重い内容を紹介したものの、対馬滞在中、ずっとこのような雰囲気であったわけではない。たとえば、七月十七日には対馬府中（厳原）で通信使一行をもてなす野外の宴で、茂助という名の通詞が朝鮮の歌を知っていると言って歌ったものの、調子外れで場をいっそう笑わせたという和やかなエピソードも存在する。ただ、この後、夕暮れ時に舟に乗った際に申維翰の発した一言が、その見ていた牧歌的な景色を豹変させるという事態が起こった。それは次のように記録されている。

日が暮れて、始めて舟を回す。〔中略〕倭人が櫓を漕ぎながら棹歌をうたえば、その激揚は清越にして、雲水が盪躍するようである。〔中略〕余はたまたま、「各船がいっしょに走れば、いずれが先に岸に着くだろうか」と問うた。その言がおわるやいなや、櫓人たちはたちまち、勇を誇り、声をはりあげ、壮を用い、また傍らの船も負けじと奮い立つ。さらに進むことますます急、一瞬のうちにいっせいに到着した。諸僚は、舟からおりながら顧みて笑い、「われわれは、ゆっくり体をのばして、興の尽きるのを待って帰りたかったのに、櫓人たちが急々として、それをぶちこわしてしまった」という。倭通事は言う、「かれらの習俗は、舟を操るを能となし、その遅速を競う。俄かに諸公が、いずれが先着するかと話しておられるのを聞いて、ついに櫓を漕ぐ者たちの競争心を開き、それが、特別な気力を生じて舟を矢の如く走らせた所以であり、また傍らの見物人たちが競争を倍加して激しくさせてしまった。こうなると、もうその人の気力を挫くことはできない」と。余は念うに、日東の俗は、たいてい人に克つことに務め、克ちえないなら死あるのみとする。ひょっとした間にも、なおかくの如くであるから、いわんや竜驤戦艦に在りては、鮫の如く怒り、鯨の如く奔らん。露梁の役で王師（李舜臣将軍の水軍）が一捷を得たのは、幸いなるかな。

自身の何気ない一言で河川上のレースが始まってしまったにもかかわらず、無自覚に笑いながら櫓人らの行動をこのように言う申維翰に対し、名を記されなかった通詞が漕ぎ手の習俗を説明している。単に説明をしただけなのか、説明の形をとって苦言を呈したのかは判然としない。ただ、この出来事を手がかりに日本の習俗を分析し、やはり文禄慶長の役＝壬辰丁酉倭乱の一戦である露梁の戦いにまで考えを巡らせるところに先述の船頭港のエピソードと同様に同戦争の爪痕の深さが窺い知れようし、一方で、こうした通信使一行の知識や態度・質問に対応できるだけの素養が韓語通詞に必要であったことも知ることができる。

現場の通詞たち——名を記された茂助

『海游録』で申維翰は、随伴を求めた者を含め、ほとんどの韓語通詞をただ「通事」とのみ記す。よって、少なくとも同書で申維翰に随伴した通詞の名を確認することは、ほとんどできない。ただ、そのなかで唯一、名を明示された通詞がいた。先ほどの茂助である。

茂助に関する個人情報は『海游録』ではほとんど確認できず、韓語通詞の男性の一人であることが分かるに過ぎない。ただ、現代の通訳従事者であっても、自身が直接または間接的な雇用関係において採用する場合を除けば、当面の時間を共有するに足るだけの人格と、何より語学力のみが問われるのが実態ではないだろうか。申維翰の場合もこれと同様で、日本（より正確には対馬）が既に配置した通詞であるという事実により当面信頼しているわけである。そうした状況にあって茂助の名が記されていることは、申が茂助に対してそれ以上の信頼を寄せていたことを示すのではないかと考えられる。

では、茂助は通詞としてどのような働きぶりだったのか。残念ながら芳洲と異なり何度もは現れない。その姿が描かれるのはわずか二度である。しかし、この二度で、茂助の通訳としての能力の高さがうかがえる。

茂助が初めて申維翰の目に止まったのは、通信使一行がその往路で対馬を発つ直前の、一七一九年七月十七日のこと。夕方の酒宴を終え、さらに地元民の歌舞音曲の様子を偶然見た後、朝鮮の歌を知っていると自ら買って出て歌いだしたのが茂助であった。彼の歌は拙劣で、いっそうの笑いを呼んだ。茂助はここで通訳業務自体についてはそれを果たしたようには記録されていないけれども、通信使一行に対して、このように道化を演ずることで場の雰囲気をやわらげ、通詞たちへの態度を軟化させようとしたのではなかろうか。あるいは、茂助本人にその自覚がなかったとしても、結果として中維翰の記憶に茂助の名が刻まれることになり、江戸での「重要な場面」での通訳を任じられることとなる。「重要な場面」とは、一七一九年九月二十八日に設けられた林信篤とその二子である信充・信智との面会である。

二十八日丁酉。晴。江戸に留まる。［中略］大学頭林信篤が、その両子信充、信智をつれて来り、見《まみ》えることを請う。余は三書記とともに、みな儒衣冠を着けて大庁に出る。信篤父子はみな三隅冠に白纓をつけ、玉色袍を着て帯剣す。相向い、再揖して坐る。対馬奉行平真長、記室松浦儀、通事茂助も同来し、西に向かって坐る。［中略］

余は、かれらと筆談すること数紙、たがいに応酬した。信篤は、口語があるごとに、必ず松浦儀をして、通事に通訳させる。松浦もまた、首を俯して命を俟った。

ここで、日本側に雨森芳洲がいない点に注目したい。将軍との謁見のように、もともと予定されていた重要な行事であれば、おそらく芳洲が席を外すということはなかったのではないかと思う。しかし、科挙のない日本ではあれ、曲がりなりにも日本儒教の総本山といえる昌平黌の当主、大学頭である林信篤がその二子を伴って通信使に面会を請い、実現したわけである。対馬側から奉行と記室つまり真文役を同席させたというのは、この面会に一定の重要性を認めたためと考えられる。そこに通訳として同席したのが、茂助だった。

松浦儀こと松浦霞沼は、芳洲と同じく朝鮮方助役ではあったものの、韓語ができなかった。かつて松浦は申維翰と話すときに芳洲の通訳を通したことがあるけれども、この席に芳洲はいない。日韓の儒者どうしが芳洲抜きで話すことになったこのときに通訳を務めた茂助には、一定程度、芳洲の韓語能力の代役を務めるに足る実力が認められていたのではないかと考えられるのである。もちろん、両国の儒者は「筆談すること数紙、たがいに応酬し」つつ、「信篤は、口語があるごとに、必ず松浦儀をして、通事に通訳させ」たわけであるから、この面会におけるすべてのやりとりを茂助一人で通訳していたわけではあるまい。そうではあっても、この場に同席できるだけの実力を認められていたことは指摘できる。

このような茂助の仕事ぶりから、当時においても通訳が決して単なる語彙の入れ替えでできるものではなく、言語の異なる人間どうしの関係を構築させるものであったことが理解できる。茂助ほどに場を盛り上げられる素養を持つ者は少ないだろうが、それでも、あのように笑いを起こさせる人間味を、芳洲は通詞に必要な要素として求めていたのかとも考えられるのである。

名の記されぬ韓語通詞――天皇をめぐるやりとり

『海游録』を読むと、少なからぬ紙面が天皇について割かれていることに気づく。たとえば、「聞見雑録」は日本の地理から始まるのだが、「日本には、八道六十六州六百三十四郡がある。用明天皇のとき、定めて五畿七道としたが、文武天皇のとき、分けて六十六国とした」と、その成り立ちに関する説明を、天皇の存在に言及しつつ行っている。また、赤間関（下関）に関する記事では、前回の正徳通信使一行が宿泊した弥陀寺の近くに安徳天皇陵があることに触れ、正徳の一行は見られた安徳天皇の遺像が申維翰のときには邦禁となって見ることが許されなかったとし、その原因を「皇廟とはいうものの、叢祠の如く陋にして、過客に平立睨視されるのは恥ずべきことである故に、これを禁じたのであろう。かつ、その事は隣国に聞かしむべきでなく、頼朝はまた家康の遠祖である故に、これを憚るのであろう」と推測している。

このとき、申維翰のほかに、雨森芳洲と松浦霞沼もおり、「ひそかに湛長老と、

「赤間関懐古有感」の詩を作ったが、余には見せてくれな」かったようである。ただ、それに続いて「余は湛長老の録した文集の一部から、はじめてそれを見た」らしく、続けて「余がこの数人の詩意を観るに、みな頼朝の無倫（道理にはずれる）を憤り、皇位のつづかなかったことを悼むものであった。想うべし、その時事がはたして聞くところの如くであり、［中略］。天皇が溺死したここは、博多をへだたること二百里に満たない。幼いため事に昧《くら》く、ついに賊臣の迫るところとなり、狼敗して海を踏み、国人の悼むところとなったのももっともである。かくの如くして、のち皇都はついに移されて、形代をのこし、帝と称するも庶政に干与せずしてもっぱら国政を関白にまかせた。而していわゆる天子は、はじめて枕を高くしえたのである」と、感懐を述べる。

右に「その時事がはたして聞くところの如く」とあるので、申維翰がもともと日本の天皇に対して関心を持っていたとも思われるが、そうではなく、この安徳天皇陵の一件をきっかけに興味を持つようになったのかもしれない。ただ、天皇への関心が強まったのは事実のようで、『海游録』では、九月十一日▲の記述の後、十二日の記述を始める前に、日本国と天皇の記述に紙面を割いている（「国名の由来と天皇」）。

そして実際の行動でも、九月九日に大坂で、通詞をつれて散歩したところ、と

九月十一日　平凡社東洋文庫本一三〇頁では「十日庚辰」とあるけれども、民族文化推進会本・韓国文集叢刊本ともに「十一日庚辰」とあるにより、改める。

名号誰何……　韓国文集叢刊本『青泉先生続集』巻四、三四ウ。

ても臣民の居所と思えないような家舍に遭遇し、それが天皇ゆかりのものであると聞かされて些か興奮していたようにも読める様子が記録されている。

> 九月初九日戊寅。朝晴、夕雨。［中略］余は、一通事をつれて散歩した。仏殿から東に百余尺を出ると、門がある。門内には一つの華構があって、穹窿状をなして鮮麗、壁楣はすべて金銀色を用いて飾る。これ人臣の居所にあらず。「これは誰の家か」と問うと、通事は答えて、「天皇諸子の燕居（休息する時）の室だ」と言う。「名と号は何であり、今いずこに在りや」と問うと、「知らない」と謝する。おもうに、辞を托すのみならん。

何らかの形で事前に日本の天皇について聞き知っていた申維翰は、前月の安徳天皇陵の一件でさらに天皇への関心を増していたところに、大坂で「天皇諸子の燕居の室」に遭遇して一気に高揚したのであろうか。随行していた通詞にここが「天皇諸子の燕居の室」だと聞かされた途端、すぐさま「名と号は何であり、今いずこに在りや（名号誰何。而今在何処）▲」と聞いた。しかし、名を残されていないこの通詞からは「「知らない」と謝」せられた（通事謝不知）申維翰は「辞を托すのみならん」と曖昧な答えを訝っている。また、天皇の宮が使館の西南にあるという。倭人はみなこれを憚かって、問うても答えず、また我が国人がその城闕を望むことをさせない。天子はこれ何の官であるやを知らない。

天皇の宮が通信使一行の投宿する館の西南方にあると聞き、申維翰は二度目の機会の到来を思ったのではなかろうか。しかし、日本人は天皇やその居処について憚って答えず、通信使たちがそれを望むこともさせなかった。さらに、天子がいったい何（の官）なのかも分かっていなかったという。

このことも合わせて考えると、芳洲のような儒者にとっても、韓語通詞のような遠地の庶民にとっても、そして京の人々にとっても、天皇というのは忌避すべき存在で、しかも御膝下ではよく分からない「官▲」としか認識されていなかったようである。芳洲や霞沼といった知識人はともかく、町人身分に過ぎない韓語通詞にとって天皇は、京の人々と同じく、よく分からないが近づくべきでない「官」に過ぎず、その観念によって異国人を近づけまいとして「謝不知」と口をついて出た可能性が考えられる。であれば、名の残らぬこの通詞は、国家機密を守るというよりも忌避感によって異国人を天皇から遠ざけるべく「知らない」と

官　ここでは申維翰の記述に従い「官」とするけれども、「官位を持つ公家のような人」というニュアンスかとも考えられる。

謝したことになる。あるいは芳洲らから事前に注意されていたのかもしれないが、現時点でその証拠となる資料を管見では確認できない。

芳洲の理想的通詞像

以上、簡単ながら、申維翰の『海游録』に記録された出来事の若干のものを挙げて、現場にいた韓語通詞たちがどのように業務を遂行し、またそのために必要な素養がどのようなものであるかを見てきた。朱子学をはじめとする漢学の教養に裏打ちされた話しぶりを充分に理解しつつ、対馬や日本の文化を説明でき、時には通信使らを笑わせ、質問の内容によっては答えないで済ますための対応能力も彼らは発揮していた。

通詞はただ言葉ができればよいというものではなく、「人柄もよろしく、才覚これあり、義理を弁え、上の事を大切に存じ候者」（『交隣提醒』）でなければ務まらないと芳洲は確信しており、それが「学力これある人を御取り立てなされ候義、切要の御事」（同右）と強く主張することとなる。このような通詞の働きぶりを芳洲自身も見ていたからであろう、釜山で自ら韓語を学び、自身も通訳可能な語学力を身につけたうえで通詞たちの仕事ぶりを目の当たりにしたことが、芳洲をして通詞にさまざまな素養が必要であるという認識に至らしめ、後の『全一道人』の体裁・内容、および翻訳文（諺解文・和訳文）の形成に結び付いたものと考えられるのである。

そして、申維翰を通して二人の通詞を見てきたことも忘れてはならない。一人は茂助、もう一人は名の記されぬ通詞である。

茂助は、申維翰ら享保通信使一行が対馬に到着した当初から関わってきた通詞で、ある時は朝鮮の歌を自身なりに歌って通信使たちを楽しませ、またある時はいわば「日本儒教の総本山」の当主の通訳として面会に同席するなど、どちらも単なる語学屋では務まらない国の重責を果たしたと評価できる。

一方、無記名の通詞が、どのように考えて申維翰に「知らない」と謝して、天皇についての回答を避けたのかは、分からない。ただ、結果的には、赤間関で芳洲と霞沼が申維翰にした行動と同じく、外国人を天皇という存在から遠ざけているので、先に見た申維翰の推測のとおり、源氏の遠縁であることを自称した徳川家にとってのタブーたりうる（そして京の民も忌避する）部分を避けさせた点において、我知らず当時の日本国の立場に立った行動をとれたとは言えそうである。

このように、朝鮮通信使のような国家間行事における通訳は、何らかの形で自身の属する側の利害の一端を担わされ得る、特殊な重責を帯びる業務と言える。申維翰の『海游録』はそうした通詞たちを随伴しあるいは対峙する者の視点から書かれた好著であり、そこに描かれたような通詞たちの負う重責と業務を実見し、また自身も従事した芳洲（図13）の経験が、「其心をやしな」って通詞を養成する教科書として『全一道人』を作らしめたと考えられよう。

図13　『正徳元年朝鮮通信使登城行列図』（第一巻）の雨森芳洲（大阪歴史博物館蔵）

あとがき

「訳す」、つまり、ある言語で話されていることを他の言語に変換して伝えることについて、世間では簡単に考えられすぎではないだろうか。

初級の例文によくある「私は学生です」程度の簡単なフレーズなら、それでもよかろう。しかし、プロの通訳者や翻訳者が訳す対象とする言葉は基本的にこんなものではない。たとえば講演などで、クライアントが予定（原稿）どおりに話してくれるとは限らず、話が興に乗ってアドリブを利かせたりダジャレを入れてきたりする。特にダジャレは訳すのが難しく、訳者泣かせである。通訳は音声で訳すため、刹那に訳さねばならない。一方、翻訳は検討時間こそあるものの、その訳文は文字として、場合によっては訳者本人の死後も残りつづけるという恐ろしさがある。にもかかわらず世間では「単語をある言語のものから別の言語のものに入れ替えさえすればできる」と軽く思われているわけである。語学堪能な者に対して「これ、ちょっと訳してよ」などと軽率に言うのは、その証拠であろう。

ところが、この傾向は現代に限定されたものではなかった。本文で引用したように、『交隣提醒』では芳洲が全く同じことで嘆いていたからである。むろん芳洲の嘆きと筆者の所感とでは深みが全く違うだろうけれども、同じことに対して嘆き、対策をとろうとしていたことを知りえたのは喜びであった。

本書が、通訳者や翻訳者の労苦や、そもそも「訳す」という営為についての理解に、少しでも貢献できれば、幸甚である。

本書の土台となった旧稿は、共同研究「表記の文化学――ひらがなとカタカナ」（研究代表者：入口敦志氏、国文学研究資料館「歴史的典籍NW事業」と連動）で前近代韓国（語）との比較研究の担当として参加させていただいた際に調査していたもの、及び共同研究終了後も個人研究として続けてきたものである（土台とした論文や発表が混在しており、初出一覧という形で紹介するのは難しい部分もあるため、省略した）。つまり、本書は入口氏のお声掛けなくしては存在しなかった。篤く御礼申し上げる。

また、小著ではあるけれども、執筆に至る力を与えてくださったのは、ひとえにこれまで御指導を賜った先生方である。修士課程の古田博司先生（現・筑波大学名誉教授）、博士課程の野崎充彦先生（現・大阪市立大学名誉教授）、研究院時代の沈慶昊先生（現・高麗大学校名誉教授）、心より感謝申し上げます。

そしてもう一人、学部生の時に所属していた日本史ゼミで御担当くださり、卒業後も絶えることなく見守ってくださっていた横井清先生（故人）。ゼミで教わった御学風の一端に始まり、朝鮮学へと送り出して下さったことから参考文献の御紹介にいたるまで、実に多様に、そして長く御学恩を賜りつづけた。

本書を、横井先生の御霊前に謹んで捧げたく存じます。

二〇二三年六月

金子祐樹

参考文献

雨森芳洲『交隣提醒』、田代和生校注、平凡社東洋文庫、二〇一四年。

雨森芳洲『たはれ草』、水田紀久校注、『新日本古典文学大系 仁斎日札 たはれ草 不尽言 無可有郷』、岩波書店、二〇〇〇年、所収。

泉澄一『対馬藩藩儒雨森芳洲の基礎的研究』、関西大学東西学術研究所研究叢刊、関西大学出版部、一九九七年。

市川本太郎『日本儒教史（四）近世篇』、汲古書院、一九九四年。

上田正昭『雨森芳洲——互に欺かず争わず真実を以て交り候』（ミネルヴァ日本評伝選）、ミネルヴァ書房、二〇一一年。

及川智早「古事記と日本書紀に於ける「喪」についてー——「殯」・「葬」との関連で」、『国文学研究』一〇一、早稲田大学国文学会、一九九一年、一—一〇頁。

小倉久美子「日本古代喪空間の変遷——殯宮から倚廬成立まで」、『万葉古代学研究年報』一五、奈良県立万葉文化館、二〇一七年、一九—二九頁。

小倉進平『増訂朝鮮語学史』、刀江書院、一九四〇年。

小倉進平『増訂補注朝鮮語学史』、河野六郎補注、刀江書院、一九六四年。

神田喜一郎「朝鮮と雨森芳洲」、『世界人』七号、世界人社、一九四九年、四八—五二頁。

北原保雄『全訳古語例解辞典（第三版）』、小学館、一九九八年。

木場明志「雨森芳洲関係資料の概要」、滋賀県教育委員会編集『雨森芳洲関係資料調査報告書』、高月町立観音の里歴史民俗資料館、一九九四年、所収。

佐藤仁訳『朱子学の基本用語——北渓字義訳解』、研文選書、研文出版、一九九六年。

佐藤トゥイウェン『ベトナムにおける「二十四孝」の研究』、東方書店、二〇一七年。

滋賀県教育委員会編集『雨森芳洲関係資料調査報告書』、高月町立観音の里歴史民俗資料館、一九九四年。

申維翰（シン゠ユハン）『海游録』、姜在彦（カン゠ジェオン）訳注、平凡社東洋文庫、一九七四年。なお原文は、「韓国古典総合データベース」（https://db.itkc.or.kr/）で確認できる、申維翰の『海游録』（底本は民族文化推進会刊『海行摠載』所収本）と『青泉先生続集』巻三—

巻八（韓国文集叢刊『青泉集』所収。同データベースで閲覧可能）も用いた。前者は活字本、後者は影印本である。

滝山政太郎著・柳田国男編『対馬南部方言集』、国書刊行会、一九七七年。原本は、同書冒頭の「刊行にあたって」に「昭和十九年に中央公論社から刊行された『対馬南部方言集』（全国方言集七）」と明示。

竹内弘行・上野日出刀『木下順庵・雨森芳洲』、叢書・日本の思想家、明徳出版社、一九九一年。

対馬の自然と文化を守る会『対馬の自然と文化（復刻版、第一集—第二八集）』、二〇〇一年。

常盤貞尚『百姓分量記』、中村幸彦校注、『日本思想大系 近世町人思想 新装版』、岩波書店、一九七五年、所収。

長浜市長浜城歴史博物館・高月観音の里歴史民俗資料館編『雨森芳洲と朝鮮通信使――未来を照らす交流の遺産』、サンライズ出版、二〇一五年。

水野的「まえがき」、『翻訳研究への招待』1、日本通訳翻訳学会翻訳研究分科会、二〇〇七年、一—二頁。

諸橋轍次『大漢和辞典（縮写版第一刷）』、大修館書店、一九六六年。

安田章『全一道人の研究』、京都大学国文学会、一九六四年。ただし、京都大学文学部国語学国文学研究室編とされている。

湯城吉信「類書蒙求類について」、加地信行研究代表『類書の総合的研究』（平成六・七年度科学研究費補助金研究成果報告書：総合研究A、課題番号06301002）、一九九六年。

吉町義雄「対馬字引『日暮芥草』府中語抄」、『文学研究』四〇、九州文学会、一九五〇年、一六一—八四頁。

민병찬「『全一道人』의 일본어에 관한 일고찰 -〈欲遣繼妻〉에 대한 번역어를 중심으로-」、『비교일본학』四八、한양대학교 ERICA 캠퍼스 일본학국제비교연구소（邦文表記：「『全一道人』の日本語に関する一考察――「欲遣継妻」に対する翻訳語を中心に」、『比較文化学』四八、漢陽大学校ERICAキャンパス日本学国際比較研究所）、二〇二〇年、三八三—四〇〇頁。

李民樹編『五倫行実図』、乙酉出版社、一九七二年。

林麗江「이미지의 생산：〈환취당원경도（環翠堂園景圖）〉를 통해 읽는 왕정눌（汪廷訥）의 일상생활」、『미술사학』二五、한국미술사교육학회（邦文表記：

「イメージの生産：『環翠堂園景図』を通して読む汪廷訥の日常生活」、『美術史学』二五、韓国美術史教育学会）、二〇一一年、四〇一―五一頁。

임종옥編『韓国歴代人名事典』、以薈文化社、二〇〇九年。

崔恒「明代・故事・命名類書연구―《和刻本類書集成》를 중심으로―」（邦文表記：明代「故事」命名類書研究――『和刻本類書集成』を中心に）、『東亜人文学』二四、東亜人文学会、二〇一三年、一三九―六九頁。

掲載図版一覧

図１　「雨森芳洲肖像」　芳洲会所蔵

図２　『全一道人』表紙　芳洲会所蔵、図版：『雨森芳洲関係資料調査報告書』（高月町立観音の里歴史民俗資料館）より

図３　雨森芳洲印２種　芳洲会所蔵、図版：『雨森芳洲関係資料調査報告書』（高月町立観音の里歴史民俗資料館）より

図４　「翻訳と文化受容」　筆者作成

図５・６、８～11　『全一道人』　芳洲会所蔵

図７　金弘道『檀園風俗図帖』の「書堂」、韓国国立中央博物館ホームページ、https://www.museum.go.kr/site/jpn/relic/represent/view?relicId=3799

図12　「倚廬図」　金長生『沙渓全書』巻24、25オ「家礼輯覧図説」「倚廬図」（韓国古典総合データベースを清書したもの）

図13　『正徳元年朝鮮通信使登城行列図』　大阪歴史博物館所蔵

金子祐樹（かねこゆうき）
1975年、大阪府生まれ。大阪市立大学大学院文学研究科後期博士課程単位取得退学。現在、東国大学校（韓国）WISEキャンパス講義招聘教授。専攻、朝鮮思想史・古典文学、日韓通翻訳文化論。著書に、『「新続忠臣図」——倭乱後朝鮮における理想的忠の群像』（風響社、2023年）、論文に、「『全一道人』에 있어서의 ‘服喪’의 번역문화론적 연구（『全一道人』における「服喪」句の翻訳文化論的研究）」（『고전번역연구（古典翻訳研究）』12号、2021年）、翻訳・監訳に、『日本京都大学図書館所蔵韓国典籍』（共監訳および翻訳、国外所在文化財財団［韓国］、2022年）、沈慶昊「近代以前の韓国における国家、社会と「文」」（河野貴美子他編『日本「文」学史 第三冊』、勉誠出版、2019年）などがある。

【お問い合わせ】
本書の内容に関するお問い合わせは
弊社お問い合わせフォームをご利用ください。
https://www.heibonsha.co.jp/contact/

ブックレット〈書物をひらく〉31
雨森芳洲の朝鮮語教科書——『全一道人』を読む
2023年11月15日　初版第1刷発行

著者　金子祐樹
発行者　下中順平
発行所　株式会社平凡社
〒101-0051　東京都千代田区神田神保町3-29
電話　03-3230-6573（営業）
装丁　中山銀士
DTP　中山デザイン事務所（金子暁仁）
印刷　株式会社東京印書館
製本　大口製本印刷株式会社

ISBN978-4-582-36471-2

平凡社ホームページ　https://www.heibonsha.co.jp/

落丁・乱丁本のお取り替えは直接小社読者サービス係までお送りください（送料は小社で負担します）。

発刊の辞

書物は、開かれるのを待っている。書物とは過去知の宝蔵である。古い書物は、現代に生きる読者が、その宝蔵を押し開いて、あらためてその宝を発見し、取り出し、活用するのを待っている。過去の知であるだけではなく、いまを生きるものの知恵として開かれることを待っているのである。

　そのための手引きをひろく読者に届けたい。手引きをしてくれるのは、古い書物を研究する人々である。

　これまで、近代以前の書物――古典籍を研究に活用してきたのは、文学・歴史学など、人文系の限られた分野にほぼ限定されていた。くずし字で書かれた古典籍を読める人材や、古典籍を求め、扱う上で必要な情報が、人文系に偏っていたからである。しかし急激に進んだＩＴ化により、研究をめぐる状況も一変した。現物に触れずとも、画像をインターネット上で見て、そこから情報を得ることができるようになった。

　これまで、限られた対象にしか開かれていなかった古典籍を、撮影して画像データベースを構築し、インターネット上で公開する。そして、古典籍を研究資源として活用したあらたな研究を国内外の研究者と共同で行い、新しい知見を発信する。これが、国文学研究資料館が平成二十六年より取り組んでいる、「日本語の歴史的典籍の国際共同研究ネットワーク構築計画」（歴史的典籍ＮＷ事業）である。そしてこの歴史的典籍ＮＷ事業の多くのプロジェクトから、日々、さまざまな研究成果が生まれている。

　このブックレットは、そうした研究成果を発信する。「書物をひらく」というシリーズ名には、本を開いて過去の知をあらたに求める、という意味と、書物によるあらたな研究が拓かれてゆくという二つの意味をこめている。開かれた書物が、新しい問題を提起し、新しい思索をひらいてゆくことを願う。

ブックレット

〈書物をひらく〉

1 死を想え『九相詩』と『一休骸骨』 今西祐一郎
2 漢字・カタカナ・ひらがな 表記の思想 入口敦志
3 漱石の読みかた『明暗』と漢籍 野網摩利子
4 和歌のアルバム 藤原俊成 詠む・編む・変える 小山順子
5 異界へいざなう女 絵巻・奈良絵本をひもとく 恋田知子
6 江戸の博物学 島津重豪と南西諸島の本草学 高津 孝
7 和算への誘い 数学を楽しんだ江戸時代 上野健爾
8 園芸の達人 本草学者・岩崎灌園 平野 恵
9 南方熊楠と説話学 杉山和也
10 聖なる珠の物語 空海・聖地・如意宝珠 藤巻和宏
11 天皇陵と近代 地域の中の大友皇子伝説 宮間純一
12 熊野と神楽 聖地の根源的力を求めて 鈴木正崇
13 神代文字の思想 ホツマ文献を読み解く 吉田 唯
14 海を渡った日本書籍 ヨーロッパへ、そして幕末・明治のロンドンで ピーター・コーニツキー
15 伊勢物語 流転と変転 鉄心斎文庫本が語るもの 山本登朗
16 百人一首に絵はあったか 定家が目指した秀歌撰 寺島恒世

17 歌枕の聖地 和歌の浦と玉津島 山本啓介
18 オーロラの日本史 古典籍・古文書にみる記録 岩橋清美 片岡龍峰
19 御簾の下からこぼれ出る装束 王朝物語絵と女性の空間 赤澤真理
20 源氏物語といけばな 源氏流いけばなの軌跡 岩坪 健
21 江戸水没 寛政改革の水害対策 渡辺浩一
22 時空を翔ける中将姫 説話の近世的変容 日沖敦子
23 『無門関』の出世双六 帰化した禅の聖典 ディディエ・ダヴァン
24 アワビと古代国家 『延喜式』にみる食材の生産と管理 清武雄二
25 春日懐紙の書誌学 田中大士
26 「いろは」の十九世紀 文字と教育の文化史 岡田一祐
27 妖怪たちの秘密基地 つくもがみの時空 齋藤真麻理
28 知と奇でめぐる近世地誌 名所図会と諸国奇談 木越俊介
29 雲は美しいか 和歌と追想の力学 渡部泰明
30 八王子に隕《お》ちた星 古文書で探る忘れられた隕石 森 融
31 雨森芳洲の朝鮮語教科書『全一道人』を読む 金子祐樹